utb 5609

Eine Arbeitsgemeinschaft der Verlage

Brill | Schöningh – Fink · Paderborn
Brill | Vandenhoeck & Ruprecht · Göttingen – Böhlau Verlag · Wien · Köln
Verlag Barbara Budrich · Opladen · Toronto
facultas · Wien
Haupt Verlag · Bern
Verlag Julius Klinkhardt · Bad Heilbrunn
Mohr Siebeck · Tübingen
Narr Francke Attempto Verlag – expert verlag · Tübingen
Psychiatrie Verlag · Köln
Ernst Reinhardt Verlag · München
transcript Verlag · Bielefeld
Verlag Eugen Ulmer · Stuttgart
UVK Verlag · München
Waxmann · Münster · New York
wbv Publikation · Bielefeld
Wochenschau Verlag · Frankfurt am Main

Heterogenität in der Lehrer:innenbildung

Herausgegeben von Eva Matthes, Markus Dresel, Andreas Hartinger, Ulrike Nett und Kristina Peuschel

www.lehet.net

Die utb-Studienkurse mit Lehr-Lern-Material sind für den Einsatz in der Lehre konzipiert und erprobt und auch für das vertiefende Selbststudium geeignet. Jeder Studienkurs besteht aus einer didaktisierten Einführung. Direkt anknüpfend stehen Materialien (z. B. Arbeitsblätter, Präsentationsfolien, Handouts) digital zur Verfügung.
Jeder Studienkurs bietet Dozent:innen in der Lehramtsaus- und -weiterbildung (z. B. in Referendariat und „3. Phase") Rahmen und Ideen in einem klar umrissenen Themenfeld und kann unmittelbar als Semester-Angebot umgesetzt werden. Die Lehr- und Lernkonzepte wurden an der Universität Augsburg im Rahmen der „Qualitätsoffensive Lehrerbildung" entwickelt, um angehende Lehrer:innen im Umgang mit Heterogenität über die Grenzen der Fachdidaktiken hinaus zu fördern.

Christine Stahl
Astrid Krummenauer-Grasser

Bildungssprache als Herausforderung

Studienkurs mit Lehr-Lern-Material

Verlag Julius Klinkhardt
Bad Heilbrunn • 2023

Online-Angebote oder elektronische Ausgaben zu diesem Studienkurs und zur Reihe „Heterogenität in der Lehrer:innenbildung" sind erhältlich unter utb.de und elibrary.utb.de. Dort können Sie sich auch bei Neuerscheinungen in der Reihe informieren lassen.

Lehr-Lern-Materialien zu diesem Studienkurs sind ergänzend online in der elibrary.utb.de und auf der Microsite www.lehet.net verfügbar.
Die Nutzung und die Bearbeitung dieser Lehr-Lern-Materialien für den eigenen Unterricht und die eigene Lehre sind ausdrücklich gestattet.

Die Deutsche Bibliothek – CIP-Einheitsaufnahme
Die Deutsche Nationalbibliothek verzeichnet diese Publikation in der Deutschen Nationalbibliografie; detaillierte bibliografische Daten sind im Internet über http://dnb.d-nb.de abrufbar.

Projektkoordination Universität Augsburg: Astrid Krummenauer-Grasser, Hannes Großhauser.
Satz und Gestaltung: Kay Fretwurst, Spreeau.
Grafik Umschlagseite 1: Kay Fretwurst, Spreeau.
Einbandgestaltung: Atelier Reichert, Stuttgart.

Druck und Bindung: Bookstation GmbH, Anzing.
Printed in Germany 2023.
Gedruckt auf chlorfrei gebleichtem alterungsbeständigem Papier.

utb-Band-Nr.: 5609
ISBN 978-3-8385-5609-3 | digital
ISBN 978-3-8252-5609-8 | print

Die Publikation ist im Rahmen des Projekts LeHet entstanden.

Das diesem Studienkurs zugrundeliegende Vorhaben wird im Rahmen der gemeinsamen „Qualitätsoffensive Lehrerbildung" von Bund und Ländern mit Mitteln des Bundesministeriums für Bildung und Forschung unter dem Förderkennzeichen 01JA1809 gefördert.
Die Verantwortung für den Inhalt dieser Veröffentlichung liegt bei den Autor:innen.

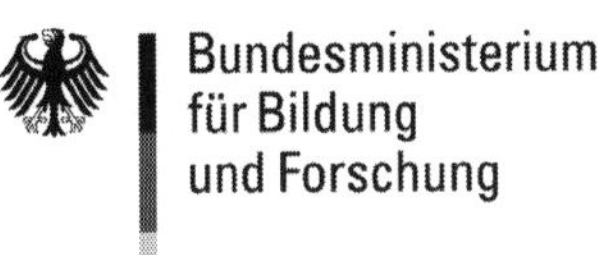

Inhalt

Funktionsweise der utb-Studienkurse mit Lehr-Lern-Material

LEHRAMTS- UND LEHRER:INNEN-WEITERBILDUNG

DIDAKTISCHE RAHMUNG

IMPULSE FÜR DIE LEHR-PRAXIS

REFLEXION UND EVALUATION

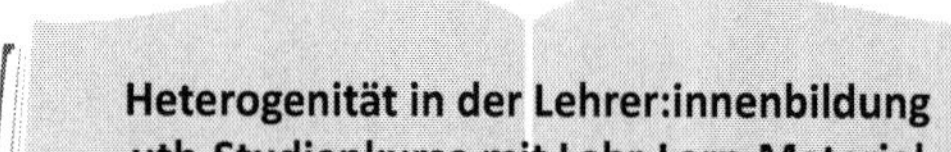

Heterogenität in der Lehrer:innenbildung
utb-Studienkurse mit Lehr-Lern-Material

Manual zur Beschreibung des Studienkurses

- Überblick mit Fokus auf zu erwerbende Kompetenzen
- Darstellung der Kursinhalte in interdisziplinärer Perspektive
- Detaillierte Erläuterung der Kursbausteine mit konkreten Durchführungsvorschlägen für die Praxis

DIGITALE MATERIALIEN

utb.

www.lehet.net

Direkter Zugang zu unmittelbar nutzbaren Arbeitsmaterialien in der utb-elibrary (https://elibrary.utb.de/) und auf www.lehet.net.

Pro Baustein

- Didaktische Rahmung
- Arbeitsblätter + Handouts
- Anschauungsmaterial
- Präsentationsfolien

1 Über diese Reihe

Der vorliegende Band ist der erste der *Studienkursreihe „Heterogenität in der Lehrer:innenbildung: utb-Studienkurse mit Lehr-Lern-Material"*. Ziel dieser Reihe ist es, Kurskonzepte so zu publizieren, dass sie für Kolleg:innen in der Lehramtsaus- und -weiterbildung anregende Ideen liefern oder auch – so gewünscht – mehr oder weniger parallel umgesetzt werden können.
Die hier publizierten Lehr-/Lernkonzepte entstammen dem Projekt „Förderung der Lehrerprofessionalität im Umgang mit Heterogenität (LeHet)" der Qualitätsoffensive Lehrerbildung, an der sich die Universität Augsburg sehr erfolgreich beteiligt hat. Zentrales Ziel dieses Projekts ist die Weiterentwicklung der Lehramtsausbildung an der Universität Augsburg hin zu einer umfassenden und wirkungsvollen Förderung der Professionalität angehender Lehrer:innen im Umgang mit Heterogenität. Hierbei wird von einem weiten Heterogenitätsverständnis ausgegangen (Bohl, Budde & Rieger-Ladich, 2017): Es wird unterschieden zwischen a) einer Heterogenität in Bezug auf individuelle Bedingungsfaktoren (z. B. kognitive, sprachliche, motivationale Lernvoraussetzungen), b) einer Heterogenität in Bezug auf Prozessmerkmale der Umwelt (z. B. Elternverhalten, sprachlicher Anregungsgehalt, Interaktionen mit Gleichaltrigen, Medien) sowie c) einer Heterogenität in Bezug auf strukturelle Faktoren (z. B. kulturelle und soziale Herkunft). Zur Konzipierung von Professionalität hat sich das Kompetenzmodell von Baumert und Kunter (2011) als gute heuristische Grundlage erwiesen, das neben verschiedenen Bereichen des Professionswissens auch nicht-kognitive Aspekte umfasst. Dieses Modell wurde auf Basis des aktuellen Forschungsstands und Ergebnissen der Projektarbeit weiter ausdifferenziert (vgl. Abb. Arbeitsmodell der Lehrerkompetenzen zum Umgang mit Heterogenität).
Zur Förderung des Professionswissens und der benötigten Überzeugungen im Umgang mit Heterogenität wurden fünf zentrale Kompetenzbereiche identifiziert: a) adaptives Unterrichten auf Grundlage der Lernvoraussetzungen der Schüler:innen; b) individuelle Beratung und Förderung; c) Einsatz und Analyse von Bildungsmedien; d) Sprachbildung, Sprachförderung, Mehrsprachigkeit sowie e) als Querschnittsbereich: Stärkung der Ressourcen beim Umgang mit heterogenitätsbezogenen Belastungen. Innerhalb dieser fünf Kompetenzbereiche und auch über die einzelnen Kompetenzbereiche hinweg wurden und werden zueinander kompatible, fachübergreifende und fachspezifische Lehr-/Lernangebote entwickelt, implementiert und evaluiert.

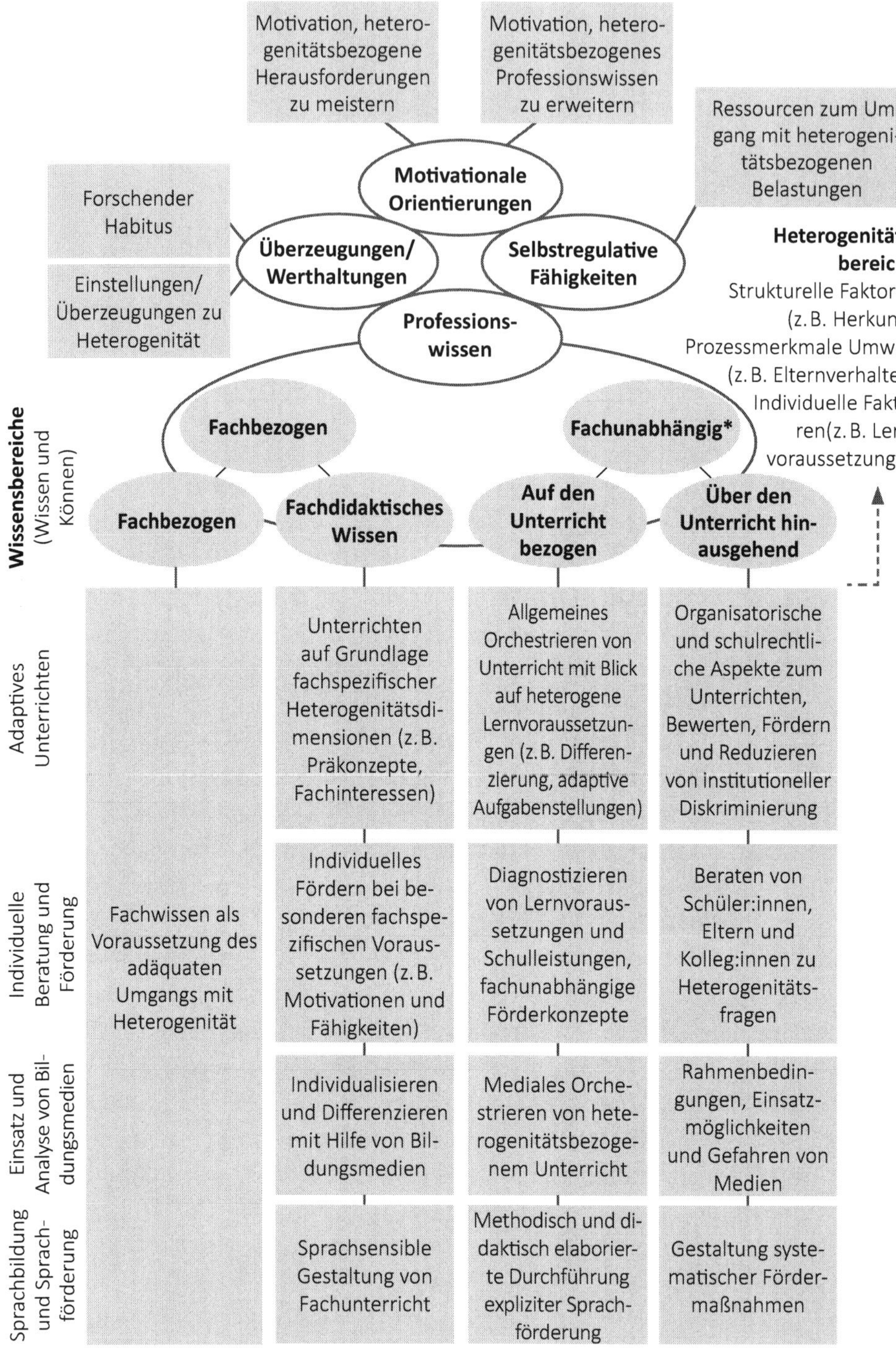

Arbeitsmodell der Lehrerkompetenzen zum Umgang mit Heterogenität

Im bisherigen Verlauf des Projekts sind bereits eine Vielzahl innovativer Lehr-/Lernkonzepte entstanden, mehrfach erprobt und evaluiert worden, die nun zum Zwecke der nachhaltigen Sicherung und der Adaption auch an anderen Standorten der Lehramtsausbildung in dieser Studienkursreihe dokumentiert werden.

Die Studienkurse weisen eine – dem abgebildeten Kompetenzmodell korrespondierende – thematische Breite auf: von fachübergreifenden Themen wie *Diagnostik im Unterrichtsalltag im Kontext einer heterogenen Schülerschaft* oder *Konzeption und Erstellung virtueller Lernumgebungen* bis hin zu konkrete Domänen betreffende Konzepte, wie etwa *Online-gestützte Förderung von Schreibkompetenz, Diagnose- und Rückmeldungskompetenz im Sportunterricht, Erkennen und Fördern besonderer Begabungen im Kunstunterricht, Einsatz von Lernvideos im Mathematikunterricht* u.v.m.

Die Lehr-/Lernkonzepte zeichnen sich durch *gemeinsame Gestaltungsmerkmale* aus: Als erstes ist hier zu nennen, dass sie nahezu durchgängig von fächerübergreifenden Dozierendentandems konzipiert und erprobt wurden, z. B. von Vertreter:innen einer Fachdidaktik und einer Bildungswissenschaft, oder einer Bildungswissenschaft und der Schulpraxis oder verschiedener Fachdidaktiken oder einer Bildungswissenschaft und einer Fachwissenschaft. Ein zentrales Gestaltungsprinzip des Projekts LeHet, die Verzahnung von Fachdidaktiken, Fachwissenschaften und Bildungswissenschaften, wird somit sehr effektiv umgesetzt.

Die vorliegenden Studienkurse wollen somit auch zur Tandemlehre als bereichernde Erfahrung für Dozierende und Studierende in der Lehramtsausbildung ermutigen; die Veranstaltungen sind allerdings so konzipiert, dass die in den Studienkursen präsentierten innovativen Lehr-/Lernkonzepte nicht zwingend auf Tandemlehre angewiesen sind: Entscheidend ist vielmehr, dass in den Lehrveranstaltungen die unterschiedlichen fachlichen Perspektiven und der jeweilige Forschungsstand der Fächer aufeinander bezogen werden. Da in die vorliegenden Studienkurse die Expertise von Kolleg:innen unterschiedlicher Fächer eingegangen ist, ist die interdisziplinäre Verknüpfung von theoretischen Modellen, empirischen Befunden und interpretativen Mustern zur Vorbereitung auf einen professionellen Umgang mit Heterogenität immer angelegt.

Auch weitere gemeinsame Gestaltungsprinzipien von LeHet kommen in den in der Studienkursreihe dokumentierten Lehr-/Lernkonzepten zum Tragen:

Zum einen ist eine ausgeprägte Fallorientierung zu nennen, die sich darin zeigt, dass in den Lehrveranstaltungen häufig, nicht selten selbst generierte, Unterrichtsvideos zum Einsatz kommen (vgl. Stahl, da Silva, Draghina, Fahrner & Schilling, 2018; Stahl, Schaupp, da Silva, 2018), die eine situierte Auseinandersetzung mit realen Unterrichtsprozessen ohne den Handlungsdruck der Unterrichtspraxis erlauben.

Zum Zweiten ist auf das Prinzip des forschenden Lernens zu verweisen, dessen zentrale Zielsetzung darin besteht, Studierende an einen forschenden Habitus heranzuführen, so dass sie ihr Wissen und ihre Überzeugen kontinuierlich evidenzbasiert

kritisch überprüfen können. Die Studierenden werden also in den Seminaren zu eigener Forschung angeleitet und generieren eigene Forschungsergebnisse, die sie wiederum kritisch reflektieren.
Zum Dritten spiegeln die Kurse auch das Prinzip einer engen Verzahnung mit der Schulpraxis wider, z.B. indem Schulpraktiker:innen einzelne Kurseinheiten gestalten oder Lehrveranstaltungen mit Referendar:innen und Studierenden gemeinsam durchgeführt werden oder auch Kurse generell von Schulpraktiker:innen und Dozierenden gemeinsam geplant und veranstaltet werden. Hierdurch erfolgt eine für beide Seiten bereichernde Vernetzung von wissenschaftlich-theoretischen und schulpraktischen Perspektiven.
Die Studienkurse zeichnen sich alle durch eine identische Grob- und Feinstruktur aus; sie sind das Ergebnis intensiver Kooperationen und Abstimmungen innerhalb der Kompetenzbereiche und über diese hinaus.
Jedes gedruckte Manual beschreibt einen Studienkurs und besteht aus einem einführenden Teil sowie einem in Bausteinen aufgebauten Kurs mit konkreten Durchführungsvorschlägen für die Praxis.
Eng damit verknüpft sind einheitlich gestaltete Power-Point-Dateien, die jeweils die Bausteine des Kurses praktisch umsetzen bzw. illustrieren. Diese Dateien sind für die Dozierenden zum Einsatz im Kurs gedacht.
Zusätzlich gibt es unterstützende Arbeitsmaterialien zu den einzelnen Bausteinen. Jene sollen ebenfalls für die Dozierenden eine Arbeitserleichterung darstellen; hierbei handelt es sich z.B. um von Studierenden zu bearbeitende Arbeitsblätter, die von den Dozierenden ausgegeben werden.
Die gedruckten Manuale sind alle folgendermaßen aufgebaut: Zunächst wird der Studienkurs im Überblick mit einem Fokus auf die zu erwerbenden Kompetenzen vorgestellt; anschließend erfolgt die theoretische Grundlegung der jeweiligen Kursinhalte in interdisziplinärer Perspektive. Im nächsten Teil werden die zentralen Gestaltungsmerkmale des Kurses erläutert; nachfolgend werden die Kursbausteine detailliert dargestellt. Den inhaltlichen Teil abrundend erfolgt ein Abschlussresümee. Den Schluss bilden die Autor:innenprofile und ein Literaturverzeichnis.
Alle Materialien der Studienkurse werden auf einer auf der Microsite des Projektes www.lehet.net für alle Interessierten zugänglich sein.
Die Studienkurse zielen darauf ab, die Lehramtsausbildung durch innovative Lehr-/Lernkonzepte zum professionellen Umgang mit Heterogenität in der Schule zu bereichern und damit einen Beitrag zur Qualitätssteigerung in der Lehramtsausbildung zu leisten; sie sind für den Einsatz in der Lehramtsausbildung in der ersten, zweiten und dritten Phase für den gesamten deutschsprachigen Raum geeignet. Ihr Aufbau mit dem Bausteinprinzip ermöglicht ihre adaptive Verwendung in unterschiedlichen institutionellen und situativen Kontexten.

So wünschen wir den Studienkursen nun eine weite Verbreitung und sind auf Rückmeldungen von Kolleg:innen gespannt!

Zum Schluss ist noch Dank zu sagen:
Dr. Astrid Krummenauer-Grasser und Hannes Großhauser haben als Gesamtkoordinator:innen des Projekts LeHet die Konzeptionierung und Organisation dieser Studienkursreihe zentral vorangetrieben. Zudem ist Dr. Astrid Krummenauer-Grasser als Autorin gemeinsam mit Christine Stahl für den ersten Band dieser Reihe, und damit für den naturgemäß besonders aufwendigen Entwicklungsprozess verantwortlich. Beiden Kolleginnen sei daher herzlich gedankt.
Außerdem gilt unser Dank allen Autor:innen der Studienkurse, die neben ihrem Einsatz in Forschung und Lehre viel Zeit und Engagement in die Erstellung ansprechender Studienkurse gesteckt haben und somit den Dokumentationsauftrag von LeHet eindrucksvoll umsetzen.
Abschließend danken wir dem Verlag Julius Klinkhardt, namentlich Andreas Klinkhardt und Thomas Tilsner, sehr herzlich, dass sich beide sehr schnell für das Projekt einer Studienkursreihe zu LeHet begeisterten und unsere Reihe in ihr Verlagsprogramm aufnahmen. Für die ansprechende Gestaltung der Manuale und Begleitmaterialien geht unser Dank neben Thomas Tilsner auch an die Setzerinnen Kay Fretwurst und Elske Körber.

Literatur

Baumert, J. & Kunter, M. (2011). Das Kompetenzmodell von COACTIV. In M. Kunter, J. Baumert, W. Blum, U. Klusmann, S. Krauss & M. Neubrand (Hrsg.), Professionelle Kompetenz von Lehrkräften. Ergebnisse des Forschungsprogramms COACTIV (S. 29–53). Münster: Waxmann.

Bohl, T., Budde, J., Rieger-Ladich, M. (Hrsg.). (2017). Umgang mit Heterogenität in Schule und Unterricht. Bad Heilbrunn: Verlag Julius Klinkhardt.

Stahl, Christine, da Silva, Ana, Draghina, Mario, Fahrner, Ulrich & Schilling, Charis (2018). Selbstgesteuertes Lernen mit videobasierten Lernmodulen in der universitären Lehrer/innenbildung. In Magdalena Sonnleitner, Stefan Prock, Astrid Rank, & Petra Kirchhoff (Hrsg.), Video- und Audiografie von Unterricht in der LehrerInnenbildung: Planung und Durchführung aus methodologischer, technisch-organisatorischer, ethisch-datenschutzrechtlicher und inhaltlicher Perspektive (S. 223–238). Opladen: Verlag Barbara Budrich.

Stahl, Christine, Schapp, Ulrike & da Silva, Ana (2018). Videos in der (DaZ-)Lehre und Forschung. In Perspektiven für eine gelingende Inklusion: Beiträge der „Qualitäsoffensive Lehrerbildung" für Forschung und Praxis (S. 95–105). Berlin: Bundesministerium für Bildung und Forschung.

Augsburg, im Dezember 2022 — Die Reihenherausgeber:innen

Legende der Icon für Medien und Materialien

 Video

 Arbeitsmaterial

 Powerpoint

 externes Arbeitsmaterial

 interaktive Aufgaben

2 Der Studienkurs auf einen Blick

Im Folgenden werden zunächst die ▸ **Kompetenzen**, welche die Studierenden im Kurs erwerben, dargestellt. Die ▸ **Kurzbeschreibung des Kursangebots** bietet eine kurze Einführung in die Themen Sprachbildung, Sprachförderung und sprachsensibler Unterricht. Eine Tabelle gibt schließlich einen ▸ **Kurzüberblick** über den Kurs.

Kompetenzen

- Die Kursteilnehmer:innen sind in der Lage, das Werkzeug „Sprachbiographie“ anzuwenden.
- Die Kursteilnehmer:innen sind in der Lage, Merkmale/Kennzeichen (sprachlicher) Heterogenität zu identifizieren.
- Die Kursteilnehmer:innen sind in der Lage, theoretisch erarbeitete Heterogenitätskonzepte auf den Unterricht zu beziehen.
- Die Kursteilnehmer:innen sind in der Lage, die Begrifflichkeiten der Fach- und Bildungssprache zu unterscheiden und diese im Kontext Unterricht zu verorten.
- Die Kursteilnehmer:innen sind in der Lage, verschiedene Sprachstandsdiagnoseverfahren anzuwenden und kritisch zu reflektieren.
- Die Kursteilnehmer:innen sind in der Lage, Fördermaterialien reflektiert einzusetzen und selbst zu erstellen.
- Die Kursteilnehmer:innen sind in der Lage, Unterricht zu planen, der eine durchgängige Sprachbildung berücksichtigt.
- Die Kursteilnehmer:innen wissen um verschiedene sprachliche Register und setzen diese bei der Planung von Unterricht um.

Damit erwerben die Studierenden **Professionswissen** in folgenden Bereichen:

Pädagogisches Wissen: Prinzipien der Unterrichtsplanung unter Berücksichtigung eines weit auseinander divergierenden Sprachstandes, Prinzipien der individuellen Diagnose und Förderung, Heterogenitätsfaktoren, Möglichkeiten der Differenzierung und eines adaptiven Unterrichts.

Fachwissen: grundlegende Begrifflichkeiten im Bereich Deutsch als Zweitsprache[1] (z.B. Fach- und Bildungssprache), Stolpersteine in Grammatik und Wortschatz der deutschen Sprache für Deutsch als Zweitsprache-Lerner:innen, Instrumente zur Erhebung des Sprachstands, Qualitätsmerkmale eines sprachsensiblen Unterrichts, durchgängige Sprachbildung.

Fachdidaktisches Wissen: Durchführung von Diagnose und Förderung im DaZ-Bereich, Umsetzungsmöglichkeiten eines sprachsensiblen Unterrichts und einer durchgängigen Sprachbildung, Berücksichtigung der unterschiedlichen sprachlichen Niveaus in der Planung des Unterrichts.

Überzeugungen/Werthaltungen, motivationale Orientierungen und selbstregulative Fähigkeiten gewinnen die Studierenden insbesondere dadurch, dass der Kontakt mit Schüler:innen aus dem DaZ-Bereich hergestellt wird. Sie lernen zum einen Schüler:innen aus verschiedenen Ländern näher kennen, zum anderen probieren sie sich selbst in einem transkulturellen Umfeld aus, werden sicherer im Umgang mit sprachlich heterogenen Kindern und Jugendlichen und überdenken möglicherweise bestehende Vorurteile. Sollte keine Kooperationsklasse zur Verfügung stehen, gibt es über authentische Videomaterialien die Möglichkeit, ein Gespür sowie ein Verständnis für DaZ-Lerner:innen aufzubauen.

Kurzbeschreibung des Kursangebots

Im vorliegenden Kurs „Bildungssprache als Herausforderung für mehrsprachige Schüler:innen" stehen die inhaltlichen Bereiche der Sprachstandsdiagnostik, der Sprachförderung der Schüler:innen sowie des sprachsensiblen Unterrichts im Fokus. Der Gesamtkurs setzt sich zusammen aus einem wöchentlichen Seminar an der Universität und einem Praxisteil (im Folgenden: Übung) nach Möglichkeit an einer Schule oder mit medial aufbereitetem Video- und Audiomaterial.

Im Kurs werden die angehenden Lehrkräfte in vielfältiger Art und Weise auf die zukünftigen und breit gefächerten Herausforderungen im Bereich Vermittlung von Bildungssprache vorbereitet. Neben der Implementierung von Unterrichtvideos in die Seminarsitzungen und dem Austausch mit angehenden Lehrer:innen aus der zweiten und dritten Phase sammeln die Studierenden auch eigene Erfahrungen in einer Schulklasse.

Der Kurs basiert auf der Theorie von Bildungssprache nach Gogolin und Lange (2011) und der Erkenntnis, dass diese Bildungssprache für das Lernen der Schüler:innen zentral ist, dass jedoch zugleich der Erwerb der Bildungssprache im Unterricht nur selten zum Lerngegenstand wird (Feilke 2012).

1 Im Folgenden DaZ.

Oft fällt es schwer, den Schritt vom Sprachgebrauch Deutsch, wie er im Alltag ausreichend ist, hin zur Bildungssprache zu meistern, wie er im Zusammenhang mit dem Lehren von fachlichen Inhalten in der Schule nötig ist.
Als Lehrkraft gilt es, den Spagat zwischen der Vermittlung von Sprache und von Sachinhalten, inklusive des entsprechenden Fachvokabulars, zu meistern. Oder, wie Leisen die Verknüpfung darstellt: „Sprache ist [...] der Schlüssel (auch) für einen gelingenden Fachunterricht." (Leisen 2013: 3)
Um die Lernvoraussetzungen der Schüler:innen an den Unterricht anpassen zu können, ist es zunächst notwendig, den Sprachstand zu diagnostizieren. Hierzu lernen die Studierenden im Seminar Werkzeuge kennen, wie zum Beispiel die ‚Sprachbiographie', das ‚Mündliche Erzählen' oder einen Hörverstehenstest (vgl. Junk-Deppenmeier, Jeuk 2015). Eine Auswahl davon führen die Studierenden im Übungsteil des Seminars mit einigen Schüler:innen durch. Zentraler Aspekt hierbei ist die Reflexion der Praxistauglichkeit der Werkzeuge[2].
Als nächster Schritt folgt die Erarbeitung eines Konzepts zur Sprachförderung der Schüler:innen. Die Studierenden begleiten die sprachliche Entwicklung eines Schülers oder einer Schülerin während eines Semesters und entwickeln eigenständig Fördermaterialien, welche auf ihre Praktikabilität überprüft und reflektiert werden. Das Seminar bietet die Möglichkeit, die Themenbereiche Diagnose und Förderung fundiert theoretisch zu erarbeiten. Im Fokus des Seminars steht die Verknüpfung von Theorie und Praxis. So kann beispielsweise das Wissen über Sprachstandsdiagnostik und Förderung direkt in ein Handeln übergehen.
Ebenfalls im Kurs angesiedelt ist die Entwicklung und Durchführung eines sprachsensiblen Unterrichts für eine sprachlich heterogene Klasse. Vor dem Hintergrund einer theoretischen Fundierung gestalten die Studierenden diesen Unterricht gemeinsam. In der anschließenden Erprobung in der Klasse wird diese Planung dem Praxistest unterzogen.

Der konzipierte Kurs stellt einen Beitrag zu **einer innovativen Lehrkräftebildung** dar:

- **In inhaltlicher Hinsicht** gibt der Kurs eine Antwort auf den Umgang mit zunehmender sprachlicher Heterogenität in Regel- und Deutschklassen[3].
- **In forschungsmethodischer Hinsicht** erweitern die Studierenden ihr Handlungsspektrum durch die Einbindung von forschendem Lernen und werden für sprachliche Heterogenität sensibel.

2 Nähere Ausführungen dazu befinden sich in den Kapiteln zu den einzelnen Bausteinen des Kurses.
3 In Deutschklassen werden in Bayern Schüler:innen ohne oder mit geringen Kenntnissen in der deutschen Sprache unterrichtet. Bei entsprechendem Lernfortschritt werden die Schüler:innen in eine Regelklasse integriert.

- **In unterrichtsmethodischer Hinsicht** lernen Studierende und Lehramtsanwärter:innen von- und miteinander. Dies betrifft in besonderem Maße reguläre Kurssituationen und Unterrichtssituationen in sprachlich heterogenen Klassen. Ein weiterer Beitrag zur innovativen Lehrer:innenbildung liegt in der Implementierung von Videovignetten in den Kurs.

Kurzüberblick

Die folgende Tabelle gibt die Rahmendaten des Kurses wieder.

Zielgruppe	**Anzahl:** Das Kurskonzept eignet sich für eine Teilnehmer:innenzahl von acht bis 25 Studierenden – je nach Durchführung der einzelnen Bausteine. **Studiengänge:** Deutsch als Zweit- und Fremdsprache B.A.; Lehramt (insbesondere Grund- und Mittelschule)
Dozent:innen	In erster Linie bekommen Dozent:innen aus dem Fachbereich Deutsch als Zweitsprache (DaZ) Anregungen für die Gestaltung der Lehre.
Umfang	**SWS:** Der Kurs umfasst idealerweise vier SWS (zwei SWS Seminar und zwei SWS Übung). Es ist jedoch auch möglich, verschiedene Bausteine für eine Zwei SWS-Veranstaltung herauszugreifen. Dazu ist es sinnvoll, die Einführung ins Thema (→ Baustein 1) mit gewünschten weiteren Schwerpunkten zu kombinieren. **LP:** Die LP sind abhängig vom Umfang der Veranstaltung.
Seminarformat	Der Kurs kann als regelmäßige Veranstaltung, als Blockveranstaltung oder in einer Mischform umgesetzt werden.
Prüfungsform	Eine geeignete Prüfungsform stellt das Verfassen einer Hausarbeit dar; es sind aber auch andere Prüfungsformen, wie zum Beispiel ein Portfolio, denkbar. Im Kurs erproben die Studierenden eine Sprachstandsdiagnose und entwickeln ein Förderkonzept für einen Schüler/eine Schülerin. In Kleingruppen wird eine Unterrichtsstunde geplant und durchgeführt.
Kooperationspartner	Optimal ist die Kooperation mit einer Deutschklasse oder einer Klasse mit großer sprachlicher Heterogenität sowie einem Lehramtsanwärter:innen-Seminar.
Stichworte	• Sprachstandsdiagnostik • Fördermaterialien im Bereich Deutsch als Zweitsprache (DaZ) • Sprachsensibler Unterricht
Voraussetzungen	Grundkenntnisse im Bereich Deutsch als Zweitsprache hilfreich

3 Theoretische Grundlegung der Inhalte des Studienkurses

Im Folgenden werden die begrifflichen, theoretischen, didaktischen und methodischen Themen skizziert, die Gegenstand des Kurses sind. Dies soll Dozierenden helfen, differenziert Einsicht in die wesentlichen Inhalte des Kurses zu erhalten. Um einen profunden Überblick über die Themen unterschiedlicher fachlicher Provenienz zu ermöglichen, ist die Darstellung durchaus vielschichtig. Dennoch verfolgt sie keinen vertiefenden Anspruch. Sie kann und will die je einschlägige und für die Kursdurchführung nötige Lehrbuch- und Fachliteratur nicht ersetzen. Als Hilfestellung für Dozierende geben wir dazu kommentierte Literaturhinweise.

Am Unterricht nehmen Kinder und Jugendliche mit Migrationshintergrund teil, die in Deutschland sozialisiert sind und entweder schon im vorschulischen Bereich Kontakt zur deutschen Sprache haben oder erst bei der Einschulung mit Deutsch als Zweitsprache in Berührung kommen. Aber auch sogenannte Seiteneinsteiger:innen, die während der Schulzeit nach Deutschland kommen, nehmen am Unterricht in einer Sprache teil, die sie erst lernen. So kommen Schüler:innen nach Deutschland, die in ihrem Heimatland bereits die Schule besucht haben, aber auch Jugendliche und junge Erwachsene, die über keinerlei Schulerfahrung verfügen. Sie unterscheiden sich bezüglich der Sprachlernerfahrung, der Sprachlernmotivation, der Struktur der Erstsprache und soziokultureller Bedingungen. Hinzu kommt, dass auch einsprachig deutsche Schüler:innen unterschiedliche Sprachkompetenzen mit in den Unterricht bringen (vgl. Dirim, Müller 2007).
In der Reihenfolge der einzelnen Kursbausteine (→ Kapitel 5) werden die jeweiligen Grundlagen zu ▶ **Sprachbiographie**, ▶ **(Sprachliche) Heterogenität**, ▶ **Sprachbildung**, ▶ **Sprachstandsdiagnose**, ▶ **Sprachförderung** sowie ▶ **sprachsensiblem (Fach-)Unterricht** näher dargelegt.

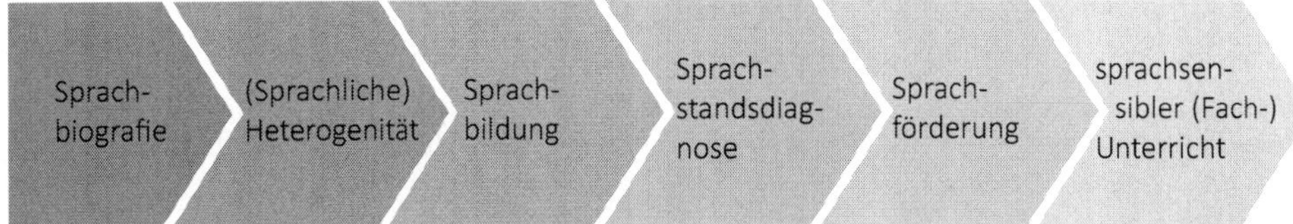

Abb. 1: Thematischer Ablauf des Seminars

Sprachbiographie

Informationen über den bisherigen (schulischen) Lebensweg helfen Lehrkräften einerseits, mögliche kulturell bedingte Handlungsweisen seitens der Eltern und Schüler:innen besser zu verstehen und andererseits Unterricht adaptiv und angemessen zu planen und zu gestalten. Für Lehrkräfte gibt es die Möglichkeit, diese relevanten Informationen mit Hilfe einer Sprachbiographie zu erfahren.
Die Erstellung einer Sprachbiographie (vgl. zum Beispiel Junk-Deppenmeier, Jeuk 2015: 16-19; BISS-Projekt[4]) gibt einen ersten Einblick in die bisher erworbenen Sprachkenntnisse. Es wird dabei Wissen um die „lebensweltliche Mehrsprachigkeit" (Gogolin 1999: 40f.) gesammelt und dokumentiert, um sprachlernbegleitende Maßnahmen sinnvoll koordinieren zu können. Mögliche Einflussgrößen hierfür sind sprachbezogene Faktoren, wie zum Beispiel die Struktur der Erstsprache oder der Wissensbestand der Erstsprache, ebenso der Sprachgebrauch, also Art, Umfang und Intensität der Sprachkontakte, wie auch nichtsprachliche Faktoren, wie etwa Alter, Motivation, Interesse, Einstellungen und Handlungsabsichten (vgl. Junk-Deppenmeier, Jeuk 2015). Das BISS-Projekt bietet Sprachbiographien in verschiedenen Sprachen auf seiner Homepage an, sodass diese auch mit Schüler:innen durchgeführt werden können, die noch nicht über die nötigen Deutschkenntnisse verfügen.

(Sprachliche) Heterogenität

An dieser Stelle wird der Begriff der Heterogenität für den schulischen Kontext geklärt. Dazu gehört ein allgemeiner Überblick zur Heterogenität in seinen für die Schule relevanten Facetten. Im Anschluss liegt der Schwerpunkt auf der sprachlichen Heterogenität. Dieser Aspekt findet sich in Kursbaustein 2 „(Sprachliche) Heterogenität" wieder.
Heterogenität bezeichnet nach Hans Brügelmann (2001) „die Ungleichheit der Teile in einem zusammengesetzten Ganzen. Heterogenität bedeutet in diesem Verständnis eine Zuschreibung von Unterschieden aufgrund von Kriterien, deren Bedeutung von sozialen Normen und persönlichen Interessen abhängt." Im Hinblick auf die Schule tritt Heterogenität in vielen verschiedenen Bereichen auf. Schüler:innen und Lehrer:innen unterscheiden sich hinsichtlich ihrer ethnischen, kulturellen und sozialen Herkunft. Heterogenität ist demnach „keine objektive Eigenschaft von Personen, sondern eine momentane Zustandsbeschreibung, die einer sozialen Situation von einer Person bzw. einer Gruppe zugewiesen wird" (Standop 2016: 2). Daneben gibt es Un-

4 Hier finden sich zur freien Verfügung Schülerfragebögen zur Sprachbiographie und Schullaufbahn in 17 verschiedenen Sprachen.

terschiede bezüglich der Leistungsmotivation und weiterer schulbezogener Einstellungen beim Schuleintritt. Ebenso stellen individuelle Faktoren wie Alter und Geschlecht sowie Hochbegabung und Lernbehinderung Dimensionen von Heterogenität dar (vgl. Scharenberg 2012).
Das folgende Modell von Jutta Standop (2016) zeigt die vielfältigen Faktoren von Heterogenität.

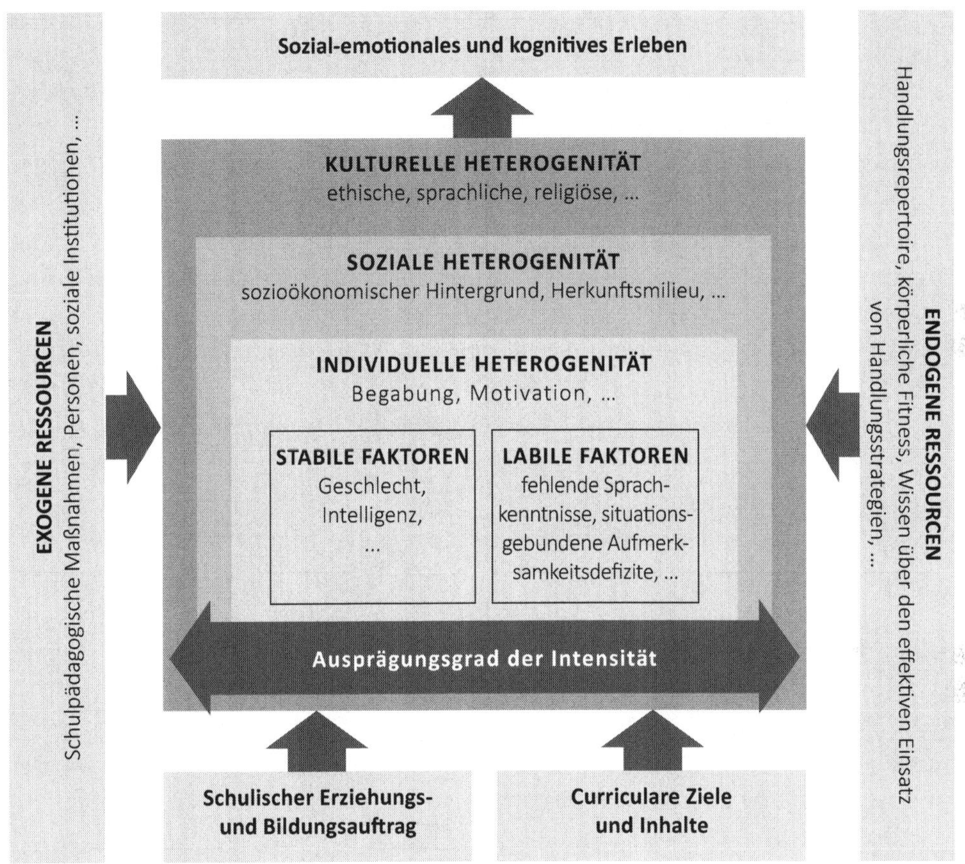

Abb. 2: Heterogenitätsfaktoren (Standop 2016)

Auf der Stufe einzelner Heterogenitätsdimensionen wird auf die Zusammenstellung von Wenning (2007) zurückgegriffen. Er unterteilt Heterogenität in leistungsbedingte Heterogenität, Altersheterogenität, sozialkulturelle Heterogenität, sprachliche Heterogenität, migrationsbedingte oder auch kulturelle Heterogenität, gesundheits- und körperbezogene Heterogenität sowie in geschlechtsbezogene Heterogenität.

- Leistungsbedingte Heterogenität nimmt den Lernprozess (z.B. Geschwindigkeit, abweichende Ergebnisse) in den Fokus (vgl. ebd.). Man geht davon aus, dass Schüler:innen mit unterschiedlichen Lernvoraussetzungen und-potenzialen die Schule besuchen. Diese spiegeln sich auch in divergenten Lernwegen wider. Wildemann und Fornol (2016) kombinieren die Dimension Leistung mit Kompetenz und schließen Persönlichkeitsmerkmale sowie Begabung und Behinderung ein.
- Die Altersheterogenität betrachtet nach Wenning (2007) die Heterogenität des Entwicklungsstandes der Schüler:innen. Mit der flexiblen Schuleingangsstufe und Jahrgangsmischung im Primarbereich werden Versuche unternommen, der unterschiedlichen Entwicklung von Kindern und Jugendlichen besser gerecht zu werden (vgl. Wildemann, Fornol 2016).
- Sozialkulturelle Heterogenität konzentriert sich auf die sozialkulturelle Bildung der Schüler:innen.
- Die sprachliche Heterogenität umfasst die Ausprägung der sprachlichen Kompetenzen der Schüler:innen. Sie gelten als *key incidents* für den schulischen Erfolg (vgl. Wildemann, Fornol 2016). Verschiedene Sprachniveaus werden im weiteren Verlauf anhand des *Gemeinsamen Europäischen Referenzrahmens (GER)* dargestellt.
- Migrationsbedingte oder auch kulturelle Heterogenität wird durch die kulturelle Herkunft der Schüler:innen herbeigeführt und geht einher mit Wertvorstellungen und Handlungsmustern.
- Die gesundheits- und körperbezogene Heterogenität wird in der Schule berücksichtigt durch institutionsinterne Begebenheiten (Aufzüge, Organisation von Lernprozessen, etc.). Psychische Erkrankungen oder Drogenabhängigkeit beeinträchtigen die organisierten Erziehungs- und Bildungsprozesse und werden extern gelenkt und sind nur begrenzt zu beeinflussen.
- Geschlechtsbezogene Heterogenität wird nach Standop (2016) in die Kategorie „stabile Faktoren“ gepackt. Sie beinhaltet, dass es in unterrichtsrelevanten Bereichen zwischen den Geschlechtern zu Unterschieden kommen kann (vgl. ebd.).

Durch den Umgang mit heterogenen Schüler:innen wachsen die Herausforderungen von Lehrkräften aller Schulformen. Nach Kathrin Höhmann (2009) steigt das Bewusstsein für Heterogenität, wenn sich die Lehrkräfte weg von der Fachorientierung hin zur Schülerorientierung bewegen. Der Anspruch geht dahin, möglichst allen Schüler:innen durch Individualisierung und innerer Differenzierung gerecht zu werden (vgl. ebd.).

Dabei ist die subjektiv wahrgenommene Heterogenität ein wichtiger Faktor für das alltägliche Handeln von Lehrer:innen (vgl. ebd.). Aus diesem Grunde ist es sinnvoll, dass Lehrkräfte ihr persönliches Verständnis von Heterogenität in seiner Bedeutung für das eigene pädagogische Handeln fortwährend reflektieren. Heterogenität ist nicht als Wert zu verstehen, der für sich existiert (vgl. Wenning 2007). Inwieweit Lehrkräfte Heterogenität wahrnehmen, steht nicht nur damit in Zusammenhang, wie mannigfaltig die Umweltfaktoren, individuellen Voraussetzungen und Fähigkeiten der Schüler:innen sind, sondern auch, in welchem Ausmaß Lehrkräfte in der Lage sind, diese zu bemerken. Vor diesem Hintergrund wird in Kursbaustein 2 „(Sprachliche) Heterogenität" die Vielfältigkeit auf unterschiedliche Art und Weise mit den Studierenden diskutiert.

Eine gegenwärtige Herausforderung stellt die Integration von neuzugewanderten Kindern und Jugendlichen im Hinblick auf die Integration in das deutsche Bildungssystem dar. Für die Lehrkräfte aller Lehrkräftebildungsphasen ist es unabdingbar, das Bewusstsein für die Situation der Deutsch als Zweitsprache-Lerner:innen zu schärfen, sodass sie sensibel reagieren können. Unterricht orientiert sich zumeist noch an einer eher monolingualen Zielgruppe, in der sich zweisprachige Kinder und Jugendliche schwer wiederfinden können. Traditionen und Routinen, die unter Umständen zu einer Benachteiligung von Schüler:innen mit Migrationshintergrund führen, müssen überdacht und neu bewertet werden (vgl. Tajmel, Hägi-Mead 2017).

Schüler:innen mit nicht-deutscher Herkunftssprache lernen gemeinsam in einem Klassenzimmer. Die Auseinandersetzung und Berücksichtigung von sprachlicher Heterogenität in Deutschlands Klassen stand spätestens dann auf dem Stundenplan, als die Schulleistungsvergleichsstudie PISA im Jahr 2000 feststellte, dass Schüler:innen mit Migrationshintergrund vom Bildungssystem benachteiligt werden (vgl. Stanat et al. 2010). Die Gruppe der bildungsbenachteiligten Schüler:innen mit Migrationshintergrund umfasst Kinder und Jugendliche, deren Sprachvermögen nicht ausreicht (vgl. Dirim, Müller 2007) und die so innerhalb des Schul- und Ausbildungssystems mit erheblichen Schwierigkeiten konfrontiert sind. Aber auch Kinder und Jugendliche ohne Migrationshintergrund aus bildungsbenachteiligten Elternhäusern verfügen oft nicht über die für eine erfolgreiche Teilnahme am Unterricht erforderlichen Sprachkompetenzen (vgl. ebd.).

Als Grundlage zur Einteilung von Sprachniveaus dient der *Gemeinsame Europäische Referenzrahmen*, der vorrangig in fremdsprachlichen Lernkontexten verwendet wird. Der GER beschreibt und vergleicht nach gemeinsamen Kriterien allgemeine Sprachkompetenzen. Er ist ein auf europäischer Ebene anerkannter Bezugsrahmen und kategorisiert Kenntnisse und Fertigkeiten, die Lernende einer Sprache benötigen, um auf drei Niveaustufen kommunizieren zu können. Jede Stufe wird nochmals in zwei Unterniveaus gegliedert (vgl. Trim et al. 2001). Folgende Abbildung gibt eine Übersicht zu den drei Niveaustufen A, B und C.

Abb. 4: Niveaustufen des Gemeinsamen Europäischen Referenzrahmens (nach Trim et al. 2001)

Diese Niveaustufen werden in Bezug auf Sprachwissen, Sprachfertigkeiten und Sprachanwendung genauer ausdifferenziert, wie folgende Tabelle darlegt (Europarat 2020).

Tab. 1: Beschreibung der Kompetenzniveaus (Europarat 2020)

	Niveau	Niveaubeschreibung
Kompetente Sprach-verwendung	**C2**	Kann praktisch alles, was er/sie liest oder hört, mühelos verstehen. Kann Informationen aus verschiedenen schriftlichen und mündlichen Quellen zusammenfassen und dabei Begründungen und Erklärungen in einer zusammenhängenden Darstellung wiedergeben. Kann sich spontan, sehr flüssig und genau ausdrücken und auch bei komplexeren Sachverhalten feinere Bedeutungsnuancen deutlich machen.
	C1	Kann ein breites Spektrum anspruchsvoller, längerer Texte verstehen und auch implizite Bedeutungen erfassen. Kann sich spontan und fließend ausdrücken, ohne öfter deutlich erkennbar nach Worten suchen zu müssen. Kann die Sprache im gesellschaftlichen und beruflichen Leben oder in Ausbildung und Studium wirksam und flexibel gebrauchen. Kann sich klar, strukturiert und ausführlich zu komplexen Sachverhalten äußern und dabei verschiedene Mittel zur Textverknüpfung angemessen verwenden.

	Niveau	Niveaubeschreibung
Selbstständige Sprachverwendung	B2	Kann die Hauptinhalte komplexer Texte zu konkreten und abstrakten Themen verstehen; versteht im eigenen Spezialgebiet auch Fachdiskussionen. Kann sich spontan und fließend verständigen, dass ein normales Gespräch mit Muttersprachlern ohne größere Anstrengung auf beiden Seiten gut möglich ist. Kann sich zu einem breiten Themenspektrum klar und detailliert ausdrücken, einen Standpunkt zu einer aktuellen Frage erläutern und die Vor- und Nachteile verschiedener Möglichkeiten angeben.
	B1	Kann die Hauptpunkte verstehen, wenn klare Standardsprache verwendet wird und wenn es um vertraute Dinge aus Arbeit, Schule, Freizeit usw. geht. Kann die meisten Situationen bewältigen, denen man auf Reisen im Sprachgebiet begegnet. Kann sich einfach und zusammenhängend über vertraute Themen und persönliche Interessengebiete äußern. Kann über Erfahrungen und Ereignisse berichten, Träume, Hoffnungen und Ziele beschreiben und zu Plänen und Ansichten kurze Begründungen oder Erklärungen geben.
Elementare Sprachverwendung	A2	Kann Sätze und häufig gebrauchte Ausdrücke verstehen, die mit Bereichen von ganz unmittelbarer Bedeutung zusammenhängen (z. B. Informationen zur Person und zur Familie, Einkaufen, Arbeit, nähere Umgebung). Kann sich in einfachen, routinemäßigen Situationen verständigen, in denen es um einen einfachen und direkten Austausch von Informationen über vertraute und geläufige Dinge geht. Kann mit einfachen Mitteln die eigene Herkunft und Ausbildung, die direkte Umgebung und Dinge im Zusammenhang mit unmittelbaren Bedürfnissen beschreiben.
	A1	Kann vertraute, alltägliche Ausdrücke und ganz einfache Sätze verstehen und verwenden, die auf die Befriedigung konkreter Bedürfnisse zielen. Kann sich und andere vorstellen und anderen Leuten Fragen zu ihrer Person stellen – z B. wo sie wohnen, was für Leute sie kennen oder was für Dinge sie haben – und kann auf Fragen dieser Art Antwort geben. Kann sich auf einfache Art verständigen, wenn die Gesprächspartnerinnen oder Gesprächspartner langsam und deutlich sprechen und bereit sind zu helfen.

Diese Grobskala wird auf weiteren Ebenen nach den Fertigkeiten Lese- und Hörverstehen, Sprechen und Schreiben differenziert dargestellt[5].

5 Zur tiefergehenden Beschäftigung vergleiche Trim, J., North, B. & Coste, D. (2001).

Sprachbildung

Der Kursbaustein 3 fokussiert das Thema Sprachbildung. Es geht darum, welchen Einfluss die Sprachbildung auf den Schulerfolg hat und welchen Zusammenhang es zwischen Alltags- und Bildungssprache gibt. Dieser Schwerpunkt findet sich in Kursbaustein 3 „Vermittlung von Fach- und Bildungssprache" wieder.

Sprachliche Kompetenz beeinflusst den schulischen Erfolg maßgeblich und ist ein zentrales Element aller Fächer und aller Jahrgangsstufen. Dabei ist für ein erfolgreiches Abschneiden in der Schule nicht in erster Linie die Beherrschung alltagssprachlicher Fähigkeiten von Bedeutung (vgl. Brandt, Gogolin 2016). Vielmehr geht es um die Beherrschung eines sprachlichen Registers, welches James Cummins (1981) als *Cognitive Academic Language Proficiency* (CALP) bezeichnet.

Im deutschsprachigen Raum wird analog dazu der Begriff „Bildungssprache"[6] verwendet. Komplexe und kognitiv anspruchsvolle Sinnzusammenhänge können mit Hilfe bildungssprachlicher Fähigkeiten durchdrungen und zu Informationen verarbeitet werden.

Im Gegensatz dazu stehen die Basic Interpersonal Communicative Skills (BICS), ein sprachliches Register, welches für konzeptionell-mündliche Kommunikationssituationen verwendet wird. Es ist die Sprache des Alltags und gekennzeichnet von kontextgebundener, weniger ausdifferenzierter Kommunikation (vgl. Lengyel 2007). Nach Leisen (2013) sind bildungssprachliche Fähigkeiten ein Zusammenspiel aus Alltags-, Unterrichts- und Fachsprache und bedingen sich gegenseitig.

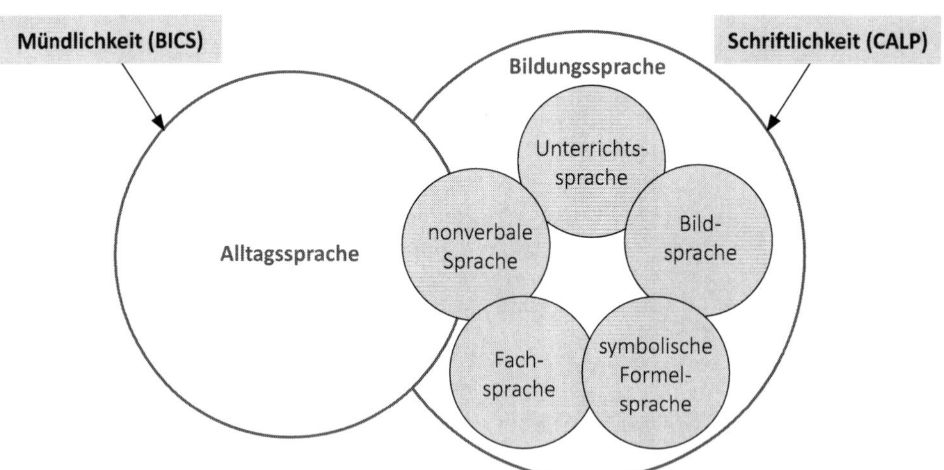

Abb. 5: Alltags- und Bildungssprache (Leisen 2018)

6 Gogolin prägte diesen Begriff im Rahmen von FörMig.

Die sprachlichen Register Alltags-, Bildungs- und Fachsprache spielen in der Schule eine wichtige Rolle und unterscheiden sich auf diskursiver, lexikalisch-semantischer und syntaktischer Ebene (vgl. Brandt, Gogolin 2016).
Alltagssprachliche Fähigkeiten werden verwendet, um andere zu verstehen und sich selbst zu verständigen. Die Sprechsituationen sind den Gesprächspartnern vertraut und bekannt und sie tauschen sich mündlich und dialogisch miteinander aus. Es wird vor allem über Privates gesprochen, aber auch sachliche Informationen werden ausgetauscht. Emotionalität und subjektive Bewertungen tauchen in den Gesprächen auf (vgl. Michalak et al. 2015). Die sprachlichen Handlungen sind darauf ausgelegt, dass sich die Gesprächsteilnehmer:innen am selben Ort befinden. Somit ist die Kommunikation durch starke und direkte Situationsbezüge geprägt, Fehler beim Sprechen kommen vor, wobei dies in der Regel keinen Einfluss auf das Verständnis hat, da die Gesprächspartner:innen die Situation kennen (vgl. Leisen 2018). Alltagssprache toleriert Fehler (vgl. ebd.) und deiktische Elemente, wie *„hier oben"* oder *„das Grüne da"*, sind möglich und werden vom jeweiligen Gegenüber verstanden. Ein weiteres Kennzeichen der Alltagssprache sind ausdrucksstarke und bildreiche Begriffe (vgl. Riesel 1970).
Zu Beginn der Grundschulzeit reichen Kindern alltagssprachliche Fähigkeiten aus, um dem Anspruch der Schule gerecht zu werden. In den weiteren Schuljahren entwickelt sich die Schulsprache von der Alltagssprache „zu einer komplexen, von Schriftlichkeit geprägten Sprache, die auf Erkenntnisgewinn, Wissensvermittlung und -aneignung ausgerichtet ist" (Michalak et al. 2015: 49). Die sogenannte Bildungssprache vermittelt „hoch verdichtete und kognitiv anspruchsvolle Informationen in kontextarmen, formellen Konstellationen" (Brandt, Gogolin 2016: 8). Es wird über abstraktes Wissen kommuniziert und in der Regel sind die Sprechsituationen nicht bekannt oder vertraut. Im Gegensatz zur Alltagssprache wird über Unpersönliches gesprochen. Bildungssprache ist konzeptionell schriftlich und orientiert sich an den Regeln der Schriftsprache (vgl. ebd.). Sprachfehler fallen auf und entstellen unter Umständen den Sinn (vgl. Leisen 2018), wie etwa bei fehlerhafter Präfigierung. Bildungssprache ist nicht fehlertolerant.
Unter Fachsprache als einen Teil der Bildungssprache versteht Lothar Hoffmann „die Gesamtheit aller sprachlichen Mittel, die in einem fachlich begrenzten Kommunikationsbereich verwendet werden, um die Verständigung zwischen den in diesem Bereich tätigen Menschen zu gewährleisten" (Hoffmann 1976: 170).
Merkmale der Fach- und Bildungssprache sind vermehrtes Vorkommen von fachspezifischen Begriffen, sowie syntaktische Konstruktionen, welche in der Alltagssprache eher weniger vorkommen (vgl. Leisen 2010). Beispiel hierfür ist der Gebrauch des Passivs bzw. von Passiversatzformen, wie *man* oder *es*.
Für Schüler:innen, die Deutsch als Zweitsprache lernen, stellt der Erwerb der Fach- und Bildungssprache eine sprachliche Herausforderung dar. Oftmals beherrschen Kinder und Jugendliche alltagssprachliche Fähigkeiten in Wort und Schrift ihrem Ni-

veau entsprechend gut. Wenn sie aber in den einzelnen Fächern wie Mathematik, Geschichte oder Physik etwas beschreiben sollen, dann gebrauchen sie Fachbegriffe nicht richtig oder kennen sie gar nicht. Zudem können der Satzbau und die Rechtschreibung nicht korrekt sein (vgl. Leisen 2018).
Die folgende Abbildung verdeutlicht, dass das Ziel des Erwerbs der deutschen Bildungssprache nicht auf direktem Wege aus der Herkunftsalltagssprache erzielt werden kann.

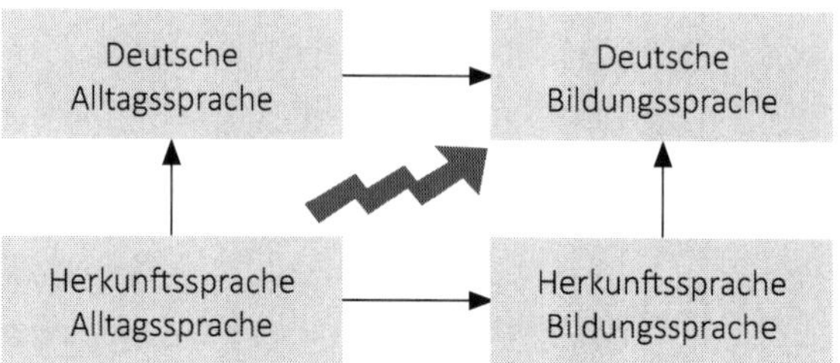

Abb. 6: Zusammenhang Alltags- und Bildungssprache (Abshagen 2015)

Der Aneignungsstand der Bildungssprache in der Herkunftssprache spielt nach Cummins eine wichtige Rolle beim Erwerb der deutschen Bildungssprache. Im Rahmen der Schwellen- oder Interdependenzhypothese beschreibt dieser drei Schwellen hinsichtlich der bilingualen Entwicklung (vgl. Cummins 1982). Die erste Schwelle bezeichnet er als Semilingualismus. Lerner:innen haben eine niedrige Sprachkompetenz in beiden Sprachen. Die zweite Schwelle beschreibt eine dominante Zweisprachigkeit, wobei Lerner:innen in einer Sprache eine hohe Kompetenz aufweisen. Von der dritten Stufe, dem additiven Bilingualismus, spricht man, wenn Lerner:innen über eine hohe Kompetenz in beiden Sprachen verfügen (vgl. Rösch 2011).

Sprachstandsdiagnose

Um DaZ-Schüler:innen optimal in ihrem Lernprozess zu unterstützen, ist es zunächst wichtig den erreichten Sprachstand der Schüler:innen festzustellen. Im Folgenden werden Möglichkeiten aufgelistet, die sprachlichen Fähigkeiten von DaZ-Lerner:innen einzuschätzen. Die praktische Umsetzung, sowohl im Seminar an der Universität als auch die Anwendung verschiedener Diagnoseverfahren in der Schule, wird in Baustein 4 „Sprachstandsdiagnostik" näher erläutert.
Die Einschätzung sprachlicher Fähigkeiten ist von großer Bedeutung für die Lernbedingungen. Die Diagnose des Sprachstandes aller Schüler:innen ist somit unerlässlich für eine passgenaue Förderung und um „individuelle Ressourcen, Defizite und Bedürfnisse (der mehrsprachigen Kinder) zu ermitteln, um [...] aufbauende Fördermaßnahmen angemessen planen und umsetzen zu können" (Döll 2012: 55). Dabei

sollten die übergreifenden sprachlichen Lernziele nicht außer Acht gelassen werden (vgl. Kniffka, Siebert-Ott 2007).
Bei den Instrumenten der Diagnose wird zwischen den Kategorien formelle bzw. standardisierte und informelle Tests zur Erhebung des Sprachstandes differenziert. Formelle Tests genügen hohen methodischen Ansprüchen und werden in einem Testentwicklungsprozess hinsichtlich ihrer Objektivität, Reliabilität und Validität geprüft (vgl. Lengyel 2012). Informelle Tests unterliegen hingegen keinem Normierungsverfahren.
Im Detail werden verschiedene Typen diagnostischer Verfahren unterschieden, um den Sprachstand von Kindern und Jugendlichen zu erheben und um aufmerksam und sorgfältig bestimmte Ereignisse, Vorgänge und Verhaltensweisen wahrzunehmen. Screenings, Tests, Beobachtungsverfahren und Profilanalytische Verfahren können je nach ihren methodischen Ansprüchen sowohl der Kategorie standardisiert als auch informell zugeordnet werden (vgl. ebd.).

Screenings sind Kurztestverfahren und erlauben eine erste Einschätzung von Kompetenzen und Entwicklungsrisiken. Sie erheben nicht den Anspruch, Teilfähigkeiten, für die ein Förderbedarf besteht, zu identifizieren. Vielmehr geht es darum, festzustellen, ob ein dem Alter entsprechendes Niveau der in den Blick genommenen Fähigkeiten vorliegt (vgl. Beck et al. 2015).

Beispiele für Screenings sind

- das Salzburger Lesescreening,
- C-Tests oder
- das Bielefelder Screening zur Früherkennung von Lese-Rechtschreibschwierigkeiten (BISC).

Tests sind den diagnostischen Verfahren zuzuordnen und basieren auf wissenschaftlichen Konstruktionsprinzipien. Nur geschultes Personal kann aus Gründen der Standardisierung, der Durchführung und der Verwertbarkeit der Ergebnisse diese Tests durchführen (vgl. ebd.).

Beispiele für Tests sind

- die Linguistische Sprachstandserhebung – Deutsch als Zweitsprache (LiSe-DaZ),
- der Leseverständnistest für Erst- bis Sechstklässler (ELFE 1-6),
- der Lesegeschwindigkeits- und -verständnistest für die Klassen 6-12 (LGTV 6-12) oder
- die Hamburger Schreibprobe 5-10 (HSP 5-10).

Beobachtungsverfahren untersuchen, analysieren und dokumentieren bestimmte Verhaltensausschnitte systematisch und eignen sich für die Generierung eines breiten Überblicks über sprachliche Kompetenzen in Alltagssituationen (vgl. Döll 2012). Sprachliches oder schriftsprachliches Verhalten und Lesen stehen im Fokus der Beobachtung. Für die Durchführung dieser Verfahren ist Vorwissen, zum Beispiel zur Grammatik des Deutschen, notwendig. Beobachtungsverfahren dienen der fortlaufenden Beobachtung der Lerner:innen (vgl. Beck, L. et al. 2015) und können von Pädagog:innen fast ständig eingesetzt werden (vgl. Ingenkamp, Lissmann 2008).

Beispiele für Beobachtungsverfahren sind

- die Niveaubeschreibungen Deutsch als Zweitsprache für die Primarstufe bzw. Sekundarstufe I,
- Beobachtungsbögen „Begleitende alltagsintegrierte Sprachentwicklungsbeobachtung" (BaSIK) oder
- die Untersuchung des „Sprachverhaltens und Interesse an Sprache bei Migrantenkindern in Kindertageseinrichtungen" (Sismik).

Mit *Profilanalytischen Verfahren* werden sprachliche Äußerungen analysiert. Ziel ist die Erstellung eines Profils hinsichtlich verschiedener Teilbereiche der Sprachkompetenz. Sprachwissenschaftliches Wissen sowie Grundkenntnisse zum Zweitspracherwerb sind für die Auswertung notwendig (vgl. Beck et al. 2015).

Beispiele für profilanalytische Verfahren sind

- die Profilanalyse nach Grießhaber,
- *Tulpenbeet* oder
- das Hamburger Verfahren zur Analyse des Sprachstandes bei Fünfjährigen (HAVAS 5).

Sowohl Beobachtungsverfahren als auch profilanalytische Verfahren eignen sich für individualdiagnostische Zwecke (vgl. Döll 2012). Bei Reich (2005) findet sich auch die Kategorie *Schätzverfahren*. Hierbei wird mithilfe einer standardisierten Befragung des Lernenden und/oder der Bezugspersonen versucht, den Sprachstand zu erheben. Diese subjektive Erhebung der Sprachkompetenzen erfüllt das Kriterium der Validität nur unzureichend, somit kann keine differenzierte und genaue Diagnose erfolgen (vgl. Michalak 2012). Klassische Schätzinstrumente sind beispielsweise Portfolios, in denen der Sprachlernprozess dokumentiert wird (vgl. Decker-Ernst 2017). Standardisierte Tests sollen die Hauptgütekriterien der Objektivität, der Reliabilität und der Validität erfüllen.
Inzwischen liegt eine ganze Reihe von Verfahren zur Feststellung des Sprachstandes für den Bereich Deutsch als Zweitsprache vor. Das Test-Spektrum reicht von Tests für Kindergartenkinder über Schulanfänger:innen und Schüler:innen der Sekundarstufe I bis hin zu Berufsschüler:innen.
Jedes Diagnoseinstrument birgt besondere Stärken und spezifische Schwächen (vgl. Michalak 2012). Daher bietet sich eine Kombination aus verschiedenen Verfahren an, um eine präzise Diagnose anzufertigen und in der Folge sinnvolle Fördermöglichkeiten auszuloten. In Baustein 4 „Sprachstandsdiagnostik" wird das *Praxismate-*

rial Förderdiagnostik von Junk-Deppenmeier und Jeuk (2015) vorgestellt, welches sechs verschiedene Verfahren bzw. Werkzeuge zur Erfassung des Sprachstandes von Schüler:innen (Sekundarstufe I) anbietet. Lehrkräfte haben mithilfe des *Praxismaterials Förderdiagnostik* die Möglichkeit, Unterricht und Förderung anhand von individuellen Förderplänen zu gestalten (vgl. Jeuk, Junk-Deppenmeier 2010).

Sprachförderung

Gogolin (1994) weist auf einen monolingualen Habitus sowohl in der Schule als auch in Lehr-Lernmaterialien hin. Aufgaben und Texte berücksichtigen in der Regel nicht, dass damit auch Deutsch als Zweitsprache-Schüler:innen lernen sollen (vgl. Nodari 2008). Dies hat zur Folge, dass Schüler:innen mit sprachlichen Defiziten dem Unterricht nicht folgen können und sich als Folge schulischer Misserfolg einstellt (vgl. Kuchenreuther 2012). Ist dieser Zusammenhang den Lehrkräften bewusst, so können sie dieser Problematik entgegenwirken. Lehrkräften stehen verschiedene Materialien zur Sprachförderung zur Verfügung. So gibt es DaZ-Lehrwerke, lehrwerksunabhängige DaZ-Materialien, Zusatzmaterialien zu Lehrwerken des Deutschunterrichts in Regelklassen, Open Educational Resources oder mehrsprachige Unterrichtsmaterialien. Offen bleibt oftmals die Frage nach der Qualität der Materialien und wie diese konkret im Unterricht eingesetzt werden können, da die unterschiedlichen Sprachstände der Schüler:innen differenzierte Herangehensweisen erforderlich machen. Eine Möglichkeit für Lehrende, die Qualität von Bildungsmedien einzuschätzen, bietet das Augsburger Analyse- und Evaluationsraster für analoge und digitale Bildungsmedien (vgl. Fey, Matthes 2017).
Jeuk (2010) spricht sich dafür aus, dass sprachliche Förderung im Schulsystem kein Additivum sein soll, sondern ein grundsätzlicher Bestandteil des Unterrichts. Dieser Förderung geht eine strukturierte Beobachtung voraus. Fördermaßnahmen an sich können im Rahmen von vier Dimensionen, jeweils zwei auf methodischer und didaktischer Ebene, geplant werden.

Tab. 2: Stufenlose vierpolige Matrix für Fördermaßnahmen (Jeuk 2010)

		Didaktische Dimension	
		Ganzheitlich	**Auf sprachliche Form bezogen**
	Situativ	z. B. von Kindern initiiertes Rollenspiel	z. B. Korrektives Feedback
Methodische Dimension		z. B. Singspiel	z. B. Sprachspiel
	Geplant	z. B. Kim-Spiel	z. B. Sprachmustertraining

Ob die Sprachförderung situativ oder geplant bzw. ganzheitlich oder sprachbezogen stattfindet, hängt immer von den individuellen Bedürfnissen sowie dem Förderbedarf der Schüler:innen ab. Für beide Dimensionen gilt, dass die Übergänge zwischen den Items fließend sind.

Leisen (2013) gibt einen Überblick hinsichtlich der Eigenschaften von integrativen, sprachsensiblen Lehr- und Lernmaterialien. Aufgaben sollten knapp, aber eindeutig formuliert sein, die Handlungsanweisungen einer zeitlichen Reihenfolge folgen. Um eine erfolgreiche Bearbeitung der Aufgaben zu gewährleisten, brauchen Schüler:innen neben fachlich-gestuften Hilfen auch sprachliche Hilfen. Aufgaben sollten neben Problemstellung und Zielrichtung sowie Verfahren, Mitteln und Methoden auch das Ergebnis und die Verwertung des Produkts enthalten. Operatoren, wie zum Beispiel begründen, skizzieren oder verbinden, stehen am besten am Anfang. Ebenso hilft es den Schüler:innen, den Erwartungshorizont hinsichtlich des Umfangs zu kennen.

Bei längeren Texten ist es hilfreich, Zeilen zu nummerieren sowie Platz für die Bearbeitung und eigene Notizen zu lassen. Laut nationalen Bildungsstandards für das Fach Deutsch soll „problemorientiertes Sprachhandeln“ gefördert werden (KMKa 2004:17). Hierfür bieten sich fachlich authentische Situationen im Unterricht an, die eine Anschlusskommunikation ermöglichen (vgl. Leisen 2013).

Um eine Aufgabe bearbeiten zu können, muss diese jedoch zuerst von den Schüler:innen verstanden werden. Oft scheitern Schüler:innen nicht an den fachlichen Anforderungen einer Aufgabenstellung, sondern an den sprachlichen (vgl. Tajmel, Hägi-Mead 2017). Daraus leitet sich ab, dass das Augenmerk der Lehrkraft auf der inhaltlichen Klärung der Aufgabe liegen sollte. Eine Möglichkeit der Überprüfung, ob die Schüler:innen verstanden haben, was zu tun ist, ist die Reformulierung. Schüler:innen übersetzen die zumeist bildungssprachliche Aufgabe in Alltagssprache. Dies unterstützt auch das Verständnis von Operatoren (vgl. ebd.). In Arbeitsaufträgen werden zahlreiche unterschiedliche Operatoren verwendet. Je nach Fach können diese von unterschiedlicher Bedeutung sein und ziehen eine andere Sprachhandlung nach sich. Die Sprachhandlung, die beispielsweise der Operator *beschreiben* anstößt, ist im Fach Geographie eine andere als in Kunst.

Hinsichtlich der Aufgabenformate unterscheidet Wildemann (2016) zwischen offenen, halboffenen und geschlossenen Aufgabenstellungen.

- Um *offene Aufgaben* handelt es sich, wenn es mehr als eine plausible Lösung gibt. Die Schüler:innen erhalten eine Aufgabe, ohne dass Antwortmöglichkeiten vorgegeben oder eine bestimmte Antwort erwartet wird (vgl. Bildungsserver Berlin-Brandenburg 2018). Ein Beispiel hierfür wäre „Schreibe einen Schluss zur Geschichte!“.
- Bei *halboffenen Aufgaben* erwarten die Aufgabensteller:innen eine bestimmte Antwort, ohne jedoch Antwortmöglichkeiten vorzugeben. Schüler:innen sind dazu

angehalten, dass sie mit eigenen Worten eine Lösung präsentieren sollen. Beispiele für halboffene Aufgaben sind Informationen aus einem Text zu ermitteln, diese zu ordnen, Kategorien zuzuordnen oder diese zu vergleichen (vgl. ebd.).

- *Geschlossene Aufgaben* geben sowohl eine Frage als auch Antwortmöglichkeiten vor. Beispiele hierfür sind Entscheidungsaufgaben, bei denen nur eine Lösung richtig ist, Multiple-Choice-Aufgaben mit der Möglichkeit der Mehrfachantwort sowie Zuordnungsaufgaben (vgl. ebd.).

Schließlich müssen Lehrer:innen ein Bewusstsein dafür erlangen, dass jede fachliche Aufgabe auch eine sprachliche Seite hat. Eine Rolle, um Aufgaben verstehen zu können, spielen die alltagssprachlichen Fähigkeiten der Schüler:innen in Verbindung mit den bildungssprachlichen Anforderungen der Aufgabe. Weiter müssen Stolpersteine, welche Syntax und Grammatik mit sich bringen, in den Blick genommen werden. Crämer (2014) stellt fest, dass in Aufgabenstellungen die Kenntnis und der Wechsel zwischen Singular- und Pluralformen oftmals vorausgesetzt werden und Satzstrukturen, beispielsweise bei Verwendung des Imperativs oder von trennbaren und untrennbaren Verben, das Verständnis der Aufgabe erschweren. In schriftlichen Aufgaben kommen oft Attribuierungen vor, welche für sprachschwache Schüler:innen nur schwer nachzuvollziehen sind (vgl. Wildemann 2016). Auch Füllwörter erschweren es, Aufgaben zu verstehen (vgl. ebd.).

Daraus folgt, dass sich Aufgaben am Sprachniveau der Schüler:innen orientieren sowie der Wortschatz und die Komplexität des Satzes darauf abgestimmt sein sollen. Bilder und Grafiken zu Fachwörtern oder Operatoren können eine zusätzliche Unterstützungsmaßnahme sein. Unabhängig von mündlichen oder schriftlichen Aufgaben sollten Schüler:innen die Möglichkeit haben, gemeinsam mit der Klasse oder der Lehrkraft die Aufgabe inhaltlich und sprachlich zu klären. Die Klarheit und das Verständnis der Aufgaben sind für Schüler:innen die Voraussetzung, um am Unterricht teilnehmen zu können und angemessen mit den Förder- und Unterrichtsmaterialien umgehen zu können.

Sprachsensibler (Fach-)Unterricht

Fachliches und sprachliches Lernen sind unabdingbar miteinander verbunden (vgl. Peuschel & Burkard, 2019). Ohne die Kenntnis der Sprache können keine fachlichen Phänomene gelernt werden. Immer, wenn fachliche Inhalte vermittelt werden, wird auch Sprache gelernt. Nach Josef Leisen (2013: 3) ist „Sprachsensibler Fachunterricht […] der bewusste Umgang mit Sprache beim Lehren und Lernen im Fach." Von den Lehrkräften erfordert dies einen sensiblen Umgang mit der Sprache, Sprachbewusstheit für die eigene Sprache sowie die Berücksichtigung der gesprochenen Sprachen im Klassenzimmer. Leisen (2013) definiert folgende Grundregeln und Leitlinien für einen sprachsensiblen Fachunterricht:

- Es findet sachbezogenes Sprachlernen statt. Sprache wird an und mit den fachlichen Inhalten gelernt. Somit können sprachliche Phänomene nicht isoliert angesehen werden, noch sollten sprachliche Teilkompetenzen kontextunabhängig gelernt werden (vgl. Michalak 2015).
- Wenn Lehrkräfte sprachsensibel unterrichten, dann soll dies der Kompetenzförderung sprachschwacher Schüler:innen mit und ohne Migrationshintergrund in allen Fertigkeiten dienen.
- Grundthesen sind das Lernen mit fachlich authentischen, und vor allem bewältigbaren sprachlichen Situationen. Das heißt, dass die sprachliche Anforderung knapp über dem individuellen Leistungsvermögen liegt. Um diesem Maßstab gerecht zu werden, benötigen einige Schüler:innen sprachliche Hilfen, welche an die Fachkommunikation heranführen. Hier gilt der Grundsatz: So wenige Hilfen wie möglich, so viele, wie nötig.

Voraussetzung, dass Lehrkräfte Schüler:innen mit Sprachschwierigkeiten unterstützen können, ist für Lehrer:innen die Kenntnis des Spracherwerbs im Fachunterricht. Leisen (2013) stellt in seinem didaktischen Dreieck der Sprachförderung die Faktoren dar, welche Einfluss auf den sprachsensiblen Fachunterricht nehmen.

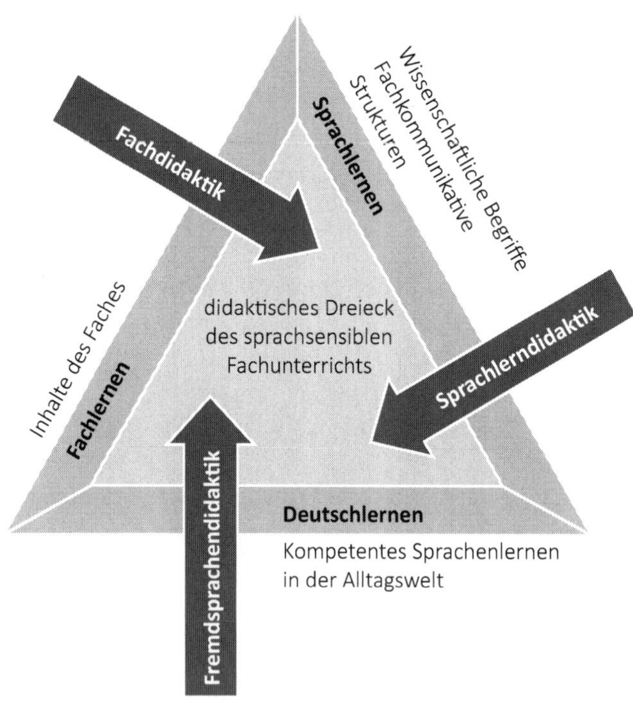

Abb. 7: Das didaktische Dreieck der Sprachförderung (Leisen 2013)

Wie das Modell zeigt, sind an der Planung von Fachsprachenunterricht mindestens drei Didaktiken beteiligt.

Das *Fachlernen (Fachdidaktik)* an sich soll die Schüler:innen in die Lage versetzen, fachliche Inhalte zu verstehen, fachspezifische Aufgaben und Probleme zu lösen und diese (sprach-)handelnd zu meistern. Unter *Inhalten eines Fachs* werden beispielsweise Konzepte, wissenschaftliche Begriffe, spezifische Phänomene oder Ereignisse verstanden.

Mit Hilfe des *Sprachlernens (Sprachlerndidaktik)* im Fach werden den Schüler:innen wissenschaftliche Begrifflichkeiten sowie fachkommunikative und sprachliche Strukturen vermittelt.

Das *Deutschlernen (Fremdsprachendidaktik)* soll Schüler:innen zum kompetenten sprachlichen Handeln in einer anderen Lebens- und Kulturwelt befähigen (vgl. Leisen 2013).

Für die didaktische Seite des Unterrichts gilt es bei der Planung von Unterricht zum einen darüber nachzudenken, welche fachlichen Kommunikationssituationen auftreten werden. Daraus können erfahrungsbasiert mögliche Verstehens- und Sprachschwierigkeiten abgeleitet werden. Zum anderen ist es nützlich, sich vorab darüber Gedanken zu machen, welche Herausforderungen auf sprachschwache Schüler:innen warten.
Die methodische Seite beschäftigt sich mit Möglichkeiten und Herangehensweisen, wie Schüler:innen dabei unterstützt werden können, fachlich unerlässlich auftretende Kommunikationssituationen zu meistern (vgl. ebd.).
Unterrichtserfolg ist ein Konstrukt, welches sich durch das Zusammenwirken unterschiedlicher Faktoren, wie Merkmale der Lehrperson, des Unterrichts, des Lernenden und des Kontextes entwickelt (vgl. Wildemann, Fornol 2016). Andreas Helmke (2003: 42) geht in seinem Angebot-Nutzungs-Modell von Unterricht davon aus, dass Unterricht stets ein Angebot von Lehrkräften an die Schüler:innen ist. Hinsichtlich der Berücksichtigung sprachlich heterogener Schüler:innen bedeutet dies, dass der angebotene Unterricht in all seinen Facetten, beispielsweise von der Lehrersprache über das Unterrichtsmaterial bis hin zu Unterrichtsmethoden, so gewählt werden sollte, dass er von allen Schüler:innen genutzt werden kann. Die deutsche Sprache fungiert dabei oft als alleiniges Medium (vgl. Tajmel, Hägi-Mead 2017), was für Schüler:innen mit Migrationshintergrund eine große Herausforderung darstellt. Wildemann und Fornol (2016) integrieren in das bereits bestehende Angebot-Nutzungs-Modell den Aspekt Sprache und zeigen somit, dass sprachsensibler und sprachbewusster Unterricht nicht ein Additivum ist, sondern in allen Bereichen wirkt.

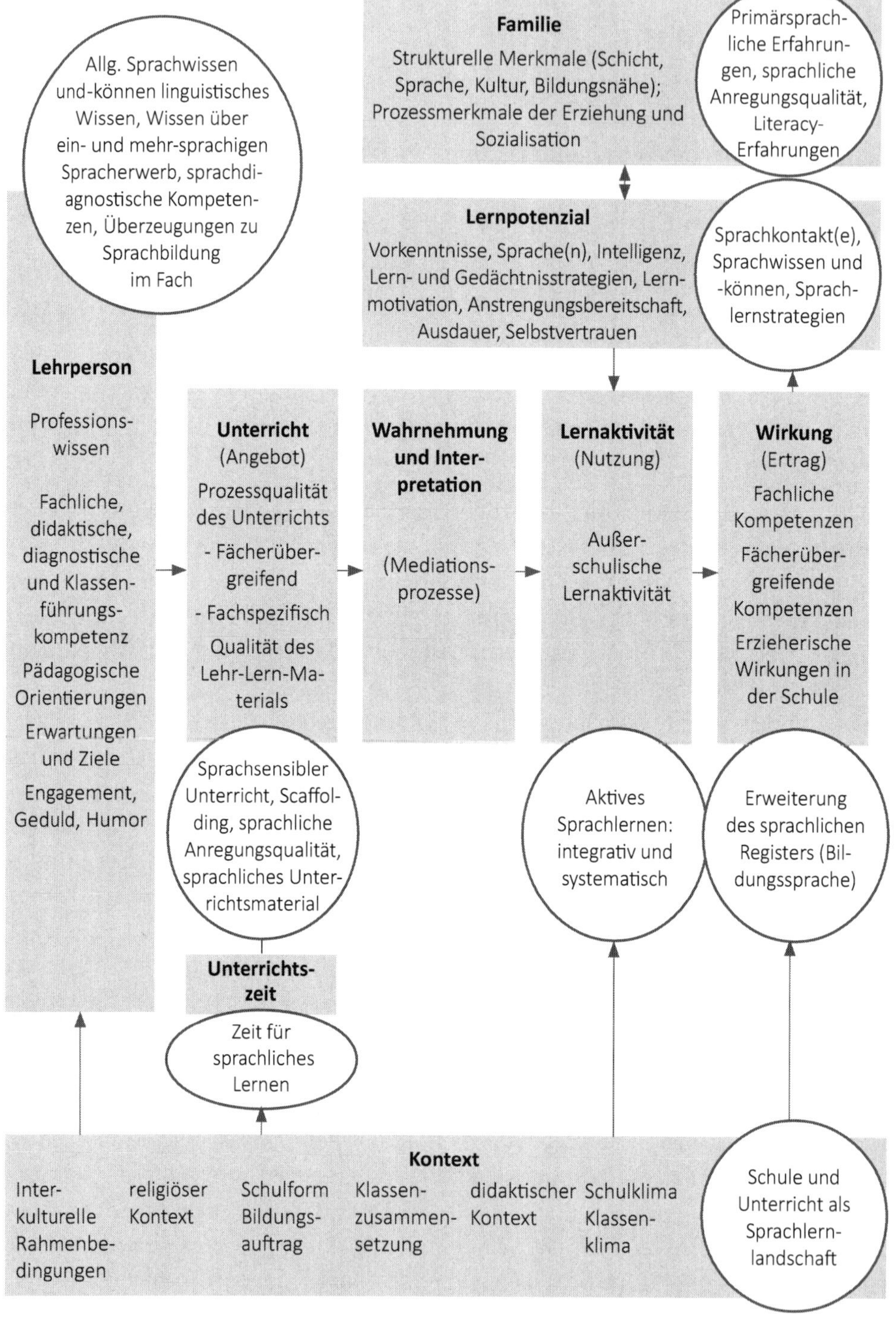

Abb. 8: Angebot-Nutzungs-Modell mit der Erweiterung um den Aspekt „Sprache“ (Wildemann, Fornol 2016)

Aus dem Modell geht hervor, dass das professionsbezogene sprachliche Wissen und Können sowie diagnostische Kompetenzen der Lehrkräfte maßgeblich Auswirkungen auf die Qualität des Unterrichts haben (vgl. ebd.). Diese Erkenntnis sowie die Aneignung dieser Fähigkeiten gilt es in der Lehrkräfteausbildung zu schärfen. Auch das Bewusstsein für die Notwendigkeit eines sprachbewussten und sprachsensiblen Unterrichts muss in allen Phasen der Lehrkräftebildung gestärkt werden.
Befunde aus der DESI-Studie[7] (2006) ergeben, dass ein sprachbewusster Unterricht zu einem Kompetenzzuwachs in den sprachlichen Fähigkeiten der Schüler:innen und weiter zu einem höheren Leistungsniveau am Ende der neunten Klasse führt. Es erscheint wichtig, dass Lehrer:innen den Schüler:innen Haltung gegenüber dem Erwerb sprachlicher Kompetenzen vermitteln (vgl. Kniffka, Siebert-Ott 2007).
Die FörMig-AG um Ingrid Gogolin (2011) stellte Qualitätsmerkmale für eine durchgängige Sprachbildung im Unterricht zusammen. Diese bieten eine Hilfestellung, wie sprachliche Heterogenität in der Unterrichtsplanung berücksichtigt werden kann.

Qualitätsmerkmal 1: Die Lehrkräfte planen und gestalten den Unterricht mit Blick auf das Register Bildungssprache und stellen die Verbindung von Allgemein- und Bildungssprache explizit her.

Qualitätsmerkmal 2: Die Lehrkräfte diagnostizieren die individuellen sprachlichen Voraussetzungen und Entwicklungsprozesse.

Qualitätsmerkmal 3: Die Lehrkräfte stellen allgemein- und bildungssprachliche Mittel bereit und modellieren diese.

Qualitätsmerkmal 4: Die Schüler:innen erhalten viele Gelegenheiten, ihre allgemein- und bildungssprachlichen Fähigkeiten zu erwerben, aktiv einzusetzen und zu entwickeln.

Qualitätsmerkmal 5: Die Lehrkräfte unterstützen die Schüler:innen in ihren individuellen Sprachbildungsprozessen.

Qualitätsmerkmal 6: Die Lehrkräfte und die Schüler:innen überprüfen und bewerten die Ergebnisse der sprachlichen Bildung.

Auch Jeuk (2010) modelliert Prinzipien eines guten Deutsch-als-Zweitsprache-Unterrichts, die in sprachlich heterogenen Klassen gelten sollten:

- Jeder Unterricht sollte DaZ-spezifische Elemente aufweisen. Im Deutschunterricht sollen besonders die Kompetenzen in der Zweitsprache gefördert werden. Auch die Lehrkräfte aller anderen Fächer sind in der Pflicht, den Spracherwerb mit geeigneten Maßnahmen zu fördern. Neben fachlichen Inhalten müssen auch fachsprachliche Kompetenzen erworben werden können.
- Die Mehrsprachigkeit der Schüler:innen gehört zum Unterricht, somit ist die Schule prinzipiell ein Raum interkulturellen Lernens. Lieder, Texte, Wörter aus anderen

7 Deutsch Englisch Schülerleistungen International.

Sprachen sollen im Klassenraum präsent sein. Sie können Anlass sein, sich auf einer metakognitiven Ebene über Sprache auszutauschen.

- Für die Schüler:innen subjektiv bedeutsame und relevante Sprechanlässe sollen den Ausgangspunkt für die alltägliche Kommunikation bilden.
- Eine gezielte Analyse des Lernstandes der Schüler:innen gibt den Lehrkräften Hinweise auf Möglichkeiten der Förderung sowie die Entwicklung und den Spracherwerbsverlauf. Sprachliche Fehler seitens der Lerner:innen werden als Weg zum Ziel der Sprachbeherrschung angesehen.
- Schüler:innen sollten die Möglichkeit haben, sich Hilfe zu holen. Dies kann durch eine offene Fragekultur in der Klasse gefördert werden oder den Einbezug der Sprachen, welche die Schüler:innen sprechen, um sich gegenseitig unklare Sachverhalte oder Wörter zu übersetzen.
- Lehrer:innen sind Sprachvorbilder für alle Schüler:innen. Sie sollten ihre Sprache bewusst und kontrolliert einsetzen, das heißt langsam und deutlich und auch grammatikalisch korrekt sprechen.
- Schüler:innen sollten Einblick in den Bau der Sprache gewinnen. Sprachliche Muster sollen verständlich vermittelt und systematisiert werden.
- Schüler:innen brauchen Zeit zum Üben und Wiederholen von Redemitteln und Sprachmustern. Dies kann beispielsweise anhand von Liedern, Reimen, Gedichten oder auch Rollenspielen realisiert werden.
- Die Beherrschung schriftsprachlicher Kompetenzen ist das Ziel des Unterrichts. Mit zunehmendem Alter verlagert sich der Fokus weg von der Mündlichkeit hin zu konzeptionell schriftlichen Formen der Sprache, insbesondere der Lesekompetenz sowie dem Verfassen von Texten.

Gibbons (2002) stellte fest, dass Lehrkräfte zur Vereinfachung ihrer Sprache tendieren, wenn sie Nicht-Muttersprachler:innen unterrichten. Sie verwenden weniger komplexe syntaktische Strukturen und einfacheren Wortschatz. Schüler:innen mit sprachlichen Defiziten wird so die Möglichkeit genommen, bildungssprachliche Kompetenzen zu erwerben oder zu erweitern. Da dies unbedingt vermieden werden muss, präsentiert Gibbons eine Möglichkeit, wie Sprache systematisch aus- und aufgebaut werden kann. Sie bezeichnet es mit dem Begriff *Scaffolding*. Lehrer:innen bieten den Schüler:innen temporäre Hilfen, die es erlauben sich neue Konzepte, eine größere Verarbeitungstiefe und neue sprachliche Varietäten anzueignen. Außerdem werden Lerner:innen in die Lage versetzt, das *knowing how* einer (Sprach-)handlung zu erwerben und nicht das *knowing that*. Somit werden Lerner:innen befähigt, das Gelernte auf ähnliche (sprachliche) Handlungen zu übertragen und diese eigenständig auszuführen (vgl. Gibbons 2002, 2009).

Das *Scaffolding* stellt einen vierstufigen Prozess auf einer Makro- und einer Mikroebene dar.

- Die Makroebene umfasst die ersten drei Stufen des Prozesses. Dazu gehören die
  (1) Bedarfsanalyse. Hier soll der Sprachbedarf aus fachlicher Sicht ermittelt sowie das Unterrichtsmaterial hinsichtlich sprachlicher Anforderungen geprüft werden.
  (2) Lernstandserfassung. Um Unterricht adaptiv und individuell planen zu können, muss die Lehrkraft den Sprachstand der Klasse bzw. der einzelnen Schüler:innen kennen und diesen mit den sprachlichen Anforderungen der geplanten Stunde vergleichen.
  (3) Unterrichtsplanung. Auf der Grundlage der Diagnose des Lernstandes in fachlicher und sprachlicher Hinsicht und der Bedarfsanalyse planen Lehrkräfte ihren Unterricht.
  Dies erfordert von Lehrer:innen, geeignete Zusatzmaterialien auszuwählen, Lernaufgaben zu sequenzieren, passende Lern- und Arbeitsformen auszuwählen sowie Darstellungsformen festzulegen (vgl. Kniffka 2012). Mitunter bedarf es auch der Auswahl von Brückentexten, sollten die Texte in den Schulbüchern noch zu schwer sein. Ebenso gehört zur Unterrichtsplanung, Möglichkeiten zu finden, wie Sprache angereichert werden kann. „Nur [mit] Input, der über den sprachlichen Möglichkeiten der Lernenden liegt, ist eine Erweiterung der Sprachkompetenz initiierbar“ (Kniffka 2012: 217). Gelegenheiten für einen metasprachlichen und metakognitiven Austausch und dessen Reflexion können ebenso den Lernfortschritt fördern.

  Hinsichtlich der Unterrichtsplanung stehen Lehrkräften Planungsrahmen zur Verfügung, welche fachliche und sprachliche Ziele in den Blick nehmen. Diese helfen dabei, die Verbindung von Sprache und Fach besser zu fokussieren. Beispiele für derartige Planungsbögen sind
  - der SIOP[8]-Bogen von Echevarria et al. (2008),
  - der Planungsrahmen von Quel und Trapp (2015) oder
  - der Planungsrahmen mit einem ergänzenden Konkretisierungsraster (zur Analyse von Sprachhandlungen, Sprachstrukturen und Vokabular) von Tajmel und Hägi-Mead (2017)
- Die Mikroebene des *Scaffoldings* betrifft die konkrete Unterrichtsinteraktion und umfasst den vierten Prozessschritt:
  (4) Unterrichtsinteraktion. Um speziell sprachlich heterogene Schüler:innen im Unterricht zu unterstützen, schlägt Kniffka (2012) verschiedene Prinzipien vor, die insbesondere die Unterrichtskommunikation betreffen. So sollten Lehrkräfte ihren Schüler:innen aktiv zuhören und die Interaktion insgesamt langsamer verlaufen, beispielsweise in Bezug auf das Sprechtempo der Lehrkraft. Zweitsprachlerner:innen benötigen mehr Zeit, die sprachlichen Äußerungen der Lehrkraft aufzunehmen und zu verarbeiten. Ebenso benötigen Deutsch-

8 Sheltered Instruction Observation Protocol.

als-Zweitsprache-Schüler:innen mehr Zeit, um eigene Äußerungen zu formulieren (ebd.). Daneben ermöglichen authentische Kommunikationssituationen komplexere Schüler:innen-Äußerungen. Diese können wiederum von der Lehrkraft in größere konzeptuelle Zusammenhänge eingebettet werden, um den Kontext zwischen der Äußerung und dem Unterrichtsthema herzustellen. Daneben helfen lehrerseitige Re-Kodierungen, um Wortschatz und angemessene Wendungen zu verdeutlichen (vgl. ebd; Peuschel & Stahl, 2021).
Eine weitere Unterstützungsmöglichkeit ist der Einbezug der Erstsprache in den Unterricht. Lehrkräfte sollten ihren Schüler:innen erlauben, beispielsweise Sachinformationen in ihrer Muttersprache recherchieren zu dürfen. Dies würde ein besseres Verständnis auf der Ebene der Sachinformation ermöglichen (vgl. Óhidy, Brömel 2017).

Es ist wünschenswert, dass sich Lehrkräfte bereits bei der Planung des Unterrichts der Thematik bewusst werden, dass sprachlich heterogene Schüler:innen vielfältige und individuell unterschiedliche Hilfen benötigen. Noch eher selten wird sowohl der Frage nach den sprachlichen Anforderungen des geplanten Unterrichts als auch den vorhandenen Kompetenzen der Schüler:innen im Unterrichtsalltag nachgegangen (vgl. Wildemann, Fornol 2016). Die Förderung und Erweiterung der sprachlichen Fähigkeiten im Unterricht findet bislang mehr oder weniger spontan und unstrukturiert statt (vgl. ebd.).

4 Gestaltungsmerkmale des Studienkurses

In diesem Kapitel werden detailliert die Gestaltungsmerkmale des Kurses „Bildungssprache als Herausforderung für mehrsprachige Schüler:innen“ dargestellt. Es werden Informationen zur ▸ **Verknüpfung von Lern- und späterem Handlungsfeld**, ▸ **Verzahnung der Lehrkräftebildungsphasen**, ▸ **Verwendung von Unterrichtsvideos** sowie zum ▸ **Forschenden Lernen** und zur ▸ **Tandemlehre** gegeben.

Verknüpfung von Lern- und späterem Handlungsfeld

Neben der theoretischen Fundierung liegt ein besonderes Augenmerk dieses Kurses auf dem Arbeiten in der Praxis. Die Sammlung von Praxiserfahrungen ist für die Studierenden wichtig, um sich selbst weiterzuentwickeln (Berkel-Otto, Lisa, Peuschel, Kristina & Steinmetz, Sandra, 2021), Abläufe selbst zu erleben und diese nachzuvollziehen. Dabei werden ihnen Stolpersteine bewusst, die bei einer rein theoretischen Betrachtung nicht aufgefallen wären. Den Studierenden erscheint beispielsweise bei der Erarbeitung der Diagnosewerkzeuge im Seminar oftmals deren Durchführung als sehr einfach. Erst bei der Umsetzung mit Schüler:innen stoßen sie auf Herausforderungen, mit denen sie vorher nicht gerechnet haben. Die Studierenden lernen durch den aktiven Einsatz der Werkzeuge, wie sie mit etwaigen Stolpersteinen umgehen können und beginnen Routinen zu entwickeln. Dies betrifft zum einen den Umgang mit den Schüler:innen sowie die Anwendung verschiedener Werkzeuge der Sprachstandsdiagnose, Durchführung von Förderung sowie eines sprachsensiblen Unterrichts.
Aus diesen Gründen integriert die vorliegende Kurskonzeption eine enge Zusammenarbeit mit einer sprachlich heterogenen Schulklasse. Für den Fall, dass keine Schulklasse zur Verfügung steht, werden bei der Beschreibung der einzelnen Bausteine auch Ideen eingebracht, wie ein Praxisbezug ohne Schulklasse erfolgen kann. Ziel ist es auch dann, dass die Studierenden die theoretisch erarbeiteten Inhalte weitestmöglich praktisch erfahren.
Im vorliegenden Kurs sind die Kontaktaufnahme sowie eine erste Analyse der Sprachfähigkeit der Schüler:innen als erster Schritt vorgesehen. Hierbei steht für die Studierenden im Zentrum wahrzunehmen, was der Schüler oder die Schülerin versteht. Wie kann etwas so formuliert werden, dass es auch verstanden wird? Was bedeutet es, wenn der

Schüler oder die Schülerin keine Antwort gibt? Hat der Junge oder das Mädchen in dem Fall meine Frage nicht verstanden, kein Interesse oder aber kein Vertrauen? Um ein Gespür für die Antworten auf diese Fragen zu erhalten, reicht es nicht aus, die Inhalte theoretisch zu erarbeiten. Hier hilft es den Studierenden, wenn sie sich in einer sprachlich heterogenen Klasse erproben. Zugleich besteht die Möglichkeit, mit Fragen an die Lehrkraft der Klasse heranzutreten und ihre Einschätzung der Situation einzuholen.
Im Kurs sind zur Intensivierung der „Kontaktaufnahme" zwischen Studierenden und Schüler:innen Eins-zu-eins-Situationen eingeplant, aber auch das Zusammentreffen von Kleingruppen oder der gesamten Klasse vorgesehen (→ Kapitel 5, Bausteine 1, 4, 5 und 6).

Vorteile der Kooperation eines Universitätsseminars mit einer Schulklasse

- Der Übergang des theoretischen Wissens in Anwendungswissen wird unterstützt.
- Die Studierenden erfahren Praxis und erproben ihre Ideen in einem geschützten Umfeld aus.
- Die Studierenden erhalten eine direkte Rückmeldung von den Schüler:innen zu ihren Fördermaterialien und Unterrichtsversuchen.

Hinweise zur Kontaktaufnahme mit einer Schule

- Der Kontakt zu einer Schule lässt sich über das Schulamt, direkt bei einer Schule oder einer bereits mit der Universität kooperierenden Schule, etwa im Rahmen der Schulpraktika, herstellen. Auf der Homepage der Schulämter gibt es in der Regel eine Übersicht über die Grund- und Mittelschulen im Schulamtsbezirk.
- Sollte keine Schulklasse mit sprachlicher Heterogenität zur Verfügung stehen, so können Inhalte mit Hilfe von Videovignetten und Fallbeispielen vertieft werden. Hierzu werden in den einzelnen Bausteinen verschiedene Vorschläge und Ideen eingebracht.

Verzahnung der Lehrkräftebildungsphasen

Im vorliegenden Kurs wird auf eine Art Generationenvertrag gesetzt. Hierunter wird ein solidarischer „Vertrag" zwischen ausgebildeten Lehrer:innen, Lehramtsanwärter:innen und Studierenden verstanden, sich gegenseitig im komplexen Arbeitsfeld Schule zu unterstützen und auszutauschen (vgl. Hohbauer & Stahl, 2019). Dabei ist es keinesfalls so, dass Wissen nur von der älteren an die jüngere Generation weitergegeben wird. Gerade im Bereich Deutsch als Zweitsprache haben Studierende oftmals einen Wissensvorsprung vor Angehörigen der zweiten und dritten Lehrkräftebildungsphase und können so wertvolle Erkenntnisse in den Austausch mit einbringen.
Bei der Planung einer solchen Zusammenarbeit sollten mindestens zwei Zusammenkünfte zwischen Uniseminar und Seminar der zweiten Ausbildungsphase eingeplant

werden. So besteht die Möglichkeit, in einem ersten Treffen genügend Raum für ein Kennenlernen beider Gruppen zur Verfügung zu haben. Darüber hinaus können hier die inhaltlichen Grundlagen für das nächste Treffen gelegt sowie organisatorische Absprachen (z. B. Bildung von Arbeitsgruppen) vorgenommen werden.
Dies wirkt sich erfahrungsgemäß positiv auf das Gruppenklima sowie die zu erwartenden Ergebnisse aus, da hier frühzeitig die Hemmschwelle des Sich-Nicht-Kennens überschritten wird. Das zweite Treffen wird so angelegt, dass jeweils kombinierte Gruppen aus Studierenden und Lehramtsanwärter:innen zusammenarbeiten, und beispielsweise ein Sprachstandsdiagnoseverfahren gemeinsam anwenden. Die Rückmeldungen beider Gruppen haben gezeigt, dass die Beteiligten ausreichend Zeit für einen freien, interessensbezogenen Austausch sehr wertschätzen.
Gemeinsame Veranstaltungen von Universitäts- und Lehramtsanwärter:innenseminaren benötigen einen ausreichenden Vorlauf in der Organisation. So ist die frühzeitige Festlegung der Termine eine wichtige Voraussetzung für eine gelungene Zusammenarbeit, insbesondere da Dozierende aller Phasen an enge zeitliche Vorgaben gebunden sind. Zudem sollten auch inhaltliche und organisatorische Aspekte, die für den Ablauf wichtig sind, frühzeitig durchdacht werden. So wird sichergestellt, dass für etwaige Tätigkeiten, wie das Vorbereiten eines Kurzvortrags oder einer Unterrichtsmitschau, ausreichend Zeit zur Verfügung steht.
Die Abbildung zeigt einen möglichen Ablaufplan zur Organisation der gemeinsamen Seminartage.

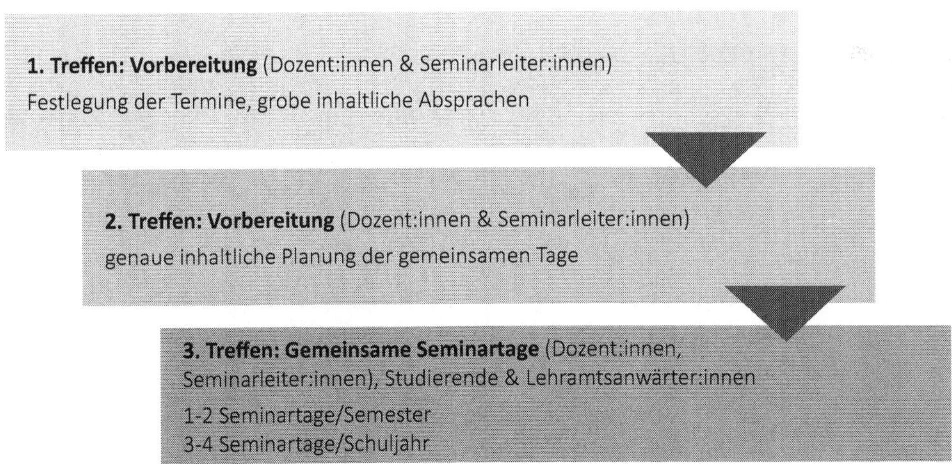

Abb. 9: Zeitlicher Rahmen

Folgende *Schwerpunkte der Zusammenarbeit* haben sich im Rahmen des Kurses bewährt und sind daher in die Gesamtkurskonzeption eingebettet:

Theoretische Inputs, z.B. zum Thema Sprachstandsdiagnose oder sprachliche Stolpersteine der Mathematik (nähere Ausführungen dazu → Baustein 4): Diese ermöglichen einen Austausch über theoretische Konzepte unter den Studierenden und Lehramtsanwärter:innen.

Gemeinsame Unterrichtsvorführungen mit anschließenden Stundenbesprechungen: Im Rahmen dessen werden Unterrichtsentwürfe gemeinsam angesehen und besprochen. Falls keine Unterrichtsmitschau in der Schule möglich ist, kann auch auf videografierte Unterrichtssituationen zurückgegriffen werden (nähere Ausführungen dazu → Baustein 6).

Vorteile der Kooperation eines Universitätsseminars und eines Lehramtsanwärter:innenseminars

- Studierende lernen den Blick von Seminarleiter:innen auf den Unterricht kennen.
- Studierende erhalten Einblicke in Seminarabläufe und verlieren dadurch eine möglicherweise vorhandene Unsicherheit vor der zweiten Lehrkräftebildungsphase.
- Studierende bekommen die Möglichkeit, sich mit Lehramtsanwärter:innen auszutauschen.

Hinweis zur Kontaktaufnahme mit Seminarleiter:innen

Die Information für einen Ansprechpartner oder eine Ansprechpartnerin eines Seminars ist über das zuständige Schulamt einzuholen.

Verwendung von Unterrichtsvideos

Videomitschnitte, die detaillierte Einblicke in das Unterrichtsgeschehen zulassen und unterrichtliche Prozesse in einer hohen Komplexität und Anschaulichkeit erfassbar machen, bieten der Lehrer:innenausbildung wertvolle Chancen (vgl. Krammer, Reusser 2005). Inhaltliches Ziel der Arbeit mit Videoaufnahmen ist die objektive Analyse von beobachtbaren Lehr-Lernprozessen. Ebenfalls erstreckt sich diese Analyse auf das Lehrer:innenverhalten bezüglich seiner Gründe und Auswirkungen auf das Lernen der Schüler:innen. Der Einsatz von Unterrichtsvideos führt zu einer Steigerung anwendbaren Wissens (vgl. Blomberg 2011). Im Kurs sollen die Studierenden unter Einbezug von Unterrichtsmitschnitten aus sprachlich-heterogenen Klassen für Sprachbildung und Sprachförderung sensibel werden.
Korthagen und Kessels (1999) unterscheiden zwei mögliche Strategien, theoretische Inhalte mit Videobeispielen aus dem Unterricht zu verbinden. Zum einen die *rule-example-Strategie*: Theorie wird durch videographische Beispiele aus dem Klassenzimmer illustriert und so in den Kontext der stattfindenden Handlungen

im Klassenzimmer gesetzt. Bei der *example-rule-Strategie* hingegen werden Videobeispiele aus dem Unterricht genutzt, um den Lerner oder die Lernerin mit den komplexen Handlungen im Klassenzimmer zu konfrontieren, um dann Regeln abzuleiten.

Im vorliegenden Kurs kommt insbesondere die *rule-example-Strategie* zum Einsatz. Mithilfe eines theoretischen Inputs und eigener Recherche zu den Qualitätsmerkmalen für den Unterricht[9] mit sprachlich heterogenen Schüler:innen eignen sich die Studierenden Wissen über die Möglichkeiten und Umsetzung einer durchgängigen Sprachbildung an. Mit Beobachtungsaufträgen versehen, die sich an den Qualitätsmerkmalen orientieren, betrachten und analysieren die Studierenden daraufhin das Video einer sprachsensiblen Unterrichtsstunde (vgl. Stahl & Peuschel, i. V.).

Forschendes Lernen

Um für den Schulalltag, welcher geprägt ist vom Umgang mit einer heterogenen Schüler:innenschaft, gewappnet zu sein, reicht es für angehende Lehrer:innen nicht aus, sich vorhandenes Wissen anzueignen und zu reproduzieren. Vielmehr sollte schon im Studium ein Verständnis dafür entwickelt werden, welche Herausforderungen mit der zunehmenden Heterogenität auf Lehrende warten. Eng damit verbunden ist die Entfaltung der Fähigkeit immer wieder Neues auszuprobieren, dessen Praktikabilität zu überprüfen, sich immer wieder selbst zu reflektieren und sich so weiterzuentwickeln (vgl. Altrichter 2003).

Im Rahmen eines forschenden Lernens werden für die eigene Lebenswelt bedeutsame Fragen oder Hypothesen überlegt, welche die Studierenden anschließend auf Richtigkeit oder Widerlegung überprüfen. Für die Studierenden im Kurs bedeutet dies Aufgaben zu erhalten, welche sie neben einer theoretischen Erarbeitung auch forschend erproben können. Beispielsweise erfolgt die Entwicklung von Sprachfördermaterialien für eine Schülerin oder einen Schüler im Rahmen eines kleinen Forschungsprojekts. Hierzu ist es zunächst notwendig, eine Fragestellung zu formulieren. Diese könnte im Rahmen dieses Kurses folgendermaßen lauten: Welche Aspekte sind bei der Entwicklung individueller Sprachfördermaterialien zum mündlichen Erzählen zu berücksichtigen? Im Anschluss wird ein Untersuchungskonzept ausgewählt und das Forschungsdesign entworfen. Dies kommt in

9 Im Rahmen des Modellprogramms FörMig entstandene Zusammenstellung von Merkmalen, Konkretisierungen, Beispielen und Hinweisen, wie Sprachbildung in allen Fächern umgesetzt werden kann (vgl. Gogolin, Lange, Hawighorst, Bainski, Heintze, Rutten & Saalmann 2011). Genauere Ausführungen dazu finden sich in Baustein 6.

der Schulklasse zur Umsetzung. Um diesen Prozess zu dokumentieren, fertigen die Studierenden eine Hausarbeit an, in der sie auch ihre Erkenntnisse reflektieren. Schon während des Semesters berichten die Studierenden regelmäßig ihren Arbeitsstand sowie ihre Zwischenergebnisse. Der Austausch mit Kommiliton:innen, Dozierenden, Seminarleiter:innen oder Lehramtsanwärter:innen bietet sich in diesem Zusammenhang an und kann äußerst gewinnbringend sein (vgl. Schneider, Wildt 2009).

Die folgende Grafik zeigt den Prozess des Forschenden Lernens nach Schneider und Wildt (2009).

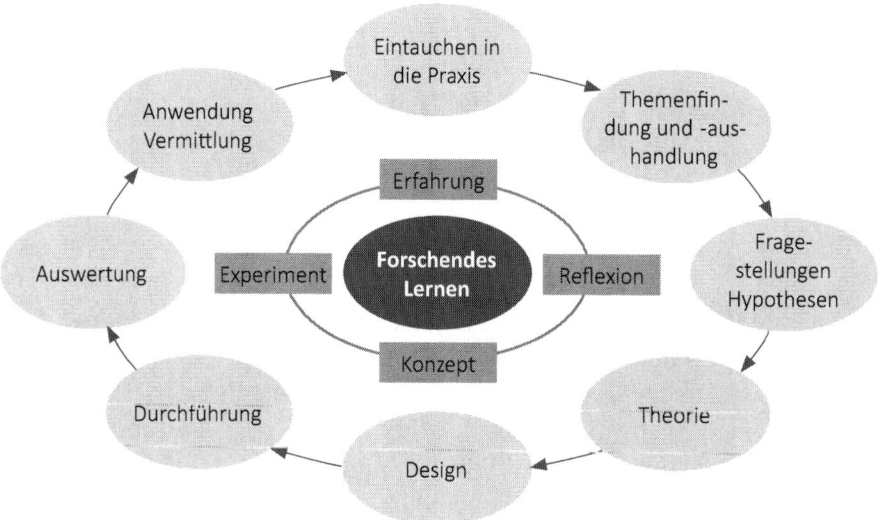

Abb. 10: Forschendes Lernen und Kompetenzentwicklung (in Anlehnung an Schneider & Wildt 2009)

Tandemlehre

Nach Marvin (1990) kann die Tandemlehre im Rahmen eines breiten Kontinuums dargestellt werden. Die Spannbreite reicht von den Polen „Lehrende haben ähnliche Arbeitsbereiche, unterrichten jedoch getrennt *(co-activity)*" bis zu „gemeinsame Lehre, in der beide sowohl ihr jeweiliges Know-how als auch die Führung situationsspezifisch einbringen (*collaboration)*". Die Intensität der Zusammenarbeit hängt von den jeweiligen Lehrenden sowie ihrem Vertrauensverhältnis und dem gegenseitigen Respekt ab. Unabhängig vom Ausmaß der Kooperation bietet die Tandemlehre für alle Lehrenden eine wertvolle Möglichkeit, gegenseitig voneinander zu lernen, sich gegenseitig zu unterstützen und Einblicke in ein anderes System zu erlangen, sei es eine andere Disziplin oder eine andere Phase der Lehrer:innenausbildung (ebd.).

Der vorliegende Kurs kann in seiner Umsetzung die Tandemlehre auf zwei verschiedene Arten integrieren. Zum einen kann Tandemlehre zwischen Universitätsdozierenden verschiedener Fächer erfolgen, zum anderen zwischen Universitätsdozierenden und Seminarrektor:innen. Diese Zusammenarbeit kann verschieden intensiv ausgestaltet sein.

Tandemlehre von Universitätsdozierenden verschiedener Disziplinen

Die Entwicklung des Kurses findet in Tandemlehre zwischen dem Lehrstuhl für Deutsch als Zweit- und Fremdsprache und seine Didaktik und dem Lehrstuhl für Grundschulpädagogik und Grundschuldidaktik der Universität Augsburg statt. Die gemeinsame Entwicklung, Durchführung und Reflexion des Kursangebots eröffnet die Gelegenheit, Sichtweisen der verschiedenen Disziplinen und Dozierenden auszutauschen und fachliche und sowie methodische Aspekte zu diskutieren bzw. neu kennenzulernen. Insbesondere die fachlich verschiedenen Hintergründe der Dozierenden führen zu einer Weiterentwicklung des Kursangebots in konzeptioneller wie in inhaltlicher Hinsicht. Als weitere spannende Kombinationen mit Deutsch als Zweit- und Fremdsprache ist die Zusammenarbeit mit einer Fachdidaktik oder einem anderen erziehungswissenschaftlichen Bereich wie der Schulpädagogik gut denkbar.

Tandemlehre von Universitätsdozierenden und Seminarrektor:innen

Der Austausch von Lehrenden aus allen Bereichen der Lehrkräftebildung unterstützt das Ziel der Verzahnung der Ausbildungsphasen. Der Blick der Universitätsdozierenden wird auf die Aspekte gelenkt, die in der zweiten Phase der Lehrkräftebildung eine besondere Rolle spielen und können dadurch bereits im Rahmen der universitären Ausbildung in den Fokus rücken. Andersherum ist es für die Seminarrektor:innen von großer Bedeutung zu sehen, mit welcher Ausgangsbasis die Absolvent:innen der Hochschule in das Referendariat eintreten. So ist es auch von Seiten der Seminarrektor:innen einfacher, daran anzuknüpfen.

Verschiedene Ideen zur Umsetzung einer Tandemlehre in diesem Sinne finden sich in den Bausteinbeschreibungen. Spannend sind sowohl bei einem Austausch zu Unterrichtskonzepten als auch zu theoretischen Inputs die verschiedenen Blickwinkel der Dozierenden auf die Themen, aber auch unterschiedliche Wahrnehmungen. Der Austausch darüber eröffnet den Dozierenden in der Lehrerbildung einen Blick aus dem eigenen System hinaus und gibt neue Impulse.

Im Rahmen der Zusammenarbeit konnten Unterrichtsvideos gemeinsam bearbeitet werden. Dies bezieht sich auf die Auswahl geeigneter Sequenzen sowie die Entwicklung von Aufgabenstellungen. Diese Videos finden nun sowohl an der Universität als auch in der zweiten Ausbildungsphase der Lehrer:innen Anwendung.

5 Bausteine des Studienkurses

Im Folgenden werden die Bausteine des Kurses „Bildungssprache als Herausforderung für mehrsprachige Schüler:innen" anhand der Übersicht ▸ **Bausteine im Überblick** vorgestellt. Im Anschluss werden die einzelnen Bausteine dargestellt.

Bausteine im Überblick

Die Übersichtstabelle bildet die verschiedenen thematischen Bausteine ab, die im Rahmen des Kurses integriert werden können. Die Bausteine enthalten theoretische und praktische Einheiten. Diese werden in der Darlegung der einzelnen Kursbausteine als „Seminar" und „Übung" kenntlich gemacht.
Je nach Auswahl der verschiedenen Bausteine variieren die Ziele des Gesamtseminars. Innerhalb der Bausteine kann die Anzahl der Seminarsitzungen variiert werden; die Sitzungen können nach Bedarf aufgestockt oder minimiert werden. So ist es auch möglich, einzelne Bausteine als Schwerpunkte für den eigenen Kurs zusammenzustellen.

Bausteine	Thema	Kompetenzen
Baustein 1 **(ca. 4 Sitzungen à 90 Minuten)**	Einführung in das Kursthema und Einsatz der Sprachbiographie	Die Kursteilnehmer:innen sind in der Lage, das Werkzeug „Sprachbiographie" anzuwenden.
Baustein 2 **(ca. 2 Sitzungen à 90 Minuten)**	(Sprachliche) Heterogenität	Die Kursteilnehmer:innen sind in der Lage, Merkmale/Kennzeichen (sprachlicher) Heterogenität zu identifizieren. Die Kursteilnehmer:innen sind in der Lage, theoretisch erarbeitete Heterogenitätskonzepte auf den Unterricht zu beziehen.
Baustein 3 **(ca. 2 Sitzungen à 90 Minuten)**	Vermittlung von Fach- und Bildungssprache	Die Kursteilnehmer:innen sind in der Lage, die Begrifflichkeiten der Fach- und Bildungssprache zu unterscheiden und diese im Kontext Unterricht zu verorten.
Baustein 4 **(ca. 4 Sitzungen à 90 Minuten)**	Sprachstandsdiagnostik	Die Kursteilnehmer:innen sind in der Lage, verschiedene Sprachstandsdiagnoseverfahren anzuwenden und kritisch zu reflektieren.

Bausteine	Thema	Kompetenzen
Baustein 5 (ca. 4 Sitzungen à 90 Minuten)	Entwicklung und Erprobung von Fördermaterialien	Die Kursteilnehmer:innen sind in der Lage, Fördermaterialien reflektiert einzusetzen und selbst zu erstellen.
Baustein 6 **(ca. 4 Sitzungen à 90 Minuten)**	Gestaltung und Durchführung sprachsensiblen Unterrichts	Die Kursteilnehmer:innen sind in der Lage, Unterricht zu planen, der eine durchgängige Sprachbildung berücksichtigt. Die Kursteilnehmer:innen wissen um verschiedene sprachliche Register und setzen diese bei der Planung von Unterricht um.

In den folgenden Abschnitten werden die einzelnen Bausteine in ihrer Umsetzung detailliert dargestellt.

Baustein 1: Einführung in das Kursthema und Einsatz der Sprachbiographie

Kurzübersicht

Thema	Kompetenzen und Inhalte	Medien und Materialien
Kennenlernen und Einstieg in das Thema	▪ Die Studierenden lernen sich sowie die Schüler:innen einer sprachlich heterogenen Klasse kennen.	Foliensatz Baustein 1 Text: „Was soll ich denn noch alles können?“
Erhebung der Sprach-biographie	▪ Die Studierenden kennen die Bedeutung der Sprachbiographie. ▪ Die Studierenden sind in der Lage, das Diagnose-instrument Sprachbiographie einzusetzen und die Ergebnisse kritisch zu reflektieren.	Foliensatz Baustein 1 Arbeitsblatt Durchführung Sprachbiographie Anschauungsmaterial Sprachbiographie Videoaufnahmen der Erhebungen von Sprachbiographien Bögen Sprachbiographie aus Junk-Deppenmeier, Jeuk (2015: 11-19).
Hinführung zur Übung	▪ Die Studierenden bauen mögliche Hemmschwellen im Umgang mit den Schüler:innen ab.	Foliensatz Baustein 1 Materialien für die Kennenlernspiele (→ Kennenlernspiele)

Inhalte und methodische Umsetzung

Der erste Baustein des Kurses legt seine Schwerpunkte auf das gegenseitige Kennenlernen sowie die Sprachbiographie. Dies bedeutet zunächst das Schaffen einer Vertrautheit im Universitätsseminar – also direkt unter den Studierenden sowie den Dozierenden. Je nach eingebundenen Kooperationspartner:innen steht darüber hinaus das Kennenlernen der Studierenden und einer sprachlich heterogenen Schulklasse sowie weiterer potenzieller Kooperationspartner:innen an.

Des Weiteren werden sich die Studierenden ihrer eigenen Vorerfahrungen und Einstellungen gegenüber sprachlich heterogenen Klassen bewusst. Dies bildet zum einen eine Ausgangsbasis für das Lernen der Studierenden, zum anderen hilft der Austausch darüber den Dozierenden, die Veranstaltung entsprechend an die Vorkenntnisse anzupassen.

Die Spannbreite der Vorerfahrungen der Studierenden reicht hier erfahrungsgemäß weit. So kann es Studierende im Kurs geben, die bisher noch keinerlei Kontakte zu Schüler:innen mit verschiedenen sprachlichen Kenntnissen hatten. Im gleichen Kurs kann es Studierende geben, die bereits Erfahrungen durch das Aushelfen in sprachlich heterogenen Klassen/Gruppen gesammelt oder durch Nachhilfeunterricht bei einzelnen Kindern bereits Vorerfahrungen gemacht haben. Diese verschiedenen Vorerfahrungen führen wiederum zu unterschiedlichen inhaltlichen Kenntnissen der Studierenden, aber auch die Einstellungen gegenüber sprachlich heterogenen Klassen können sehr voneinander abweichen. Die Vorkenntnisse im Themenbereich Diagnose und Förderung hängen zudem stark von den bereits absolvierten Universitätskursen ab. Auch hier bietet Baustein 1 die Möglichkeit zu einem Austausch.
Ein weiterer Schwerpunkt im ersten Baustein ist der Einstieg in das Thema Sprachstandsdiagnose. Hierbei wird insbesondere auf die Sensibilisierung für den Themenbereich Wert gelegt. Ein Werkzeug der Diagnose, nämlich die Sprachbiographie, wird nach der theoretischen Erarbeitung im Praxisteil aktiv erprobt.
Baustein 1 setzt sich aus Seminarsitzungen an der Universität sowie Übungseinheiten an einer Schule oder unter Hinzuziehen entsprechender Materialien zur praktischen Vertiefung zusammen. Im Folgenden werden zunächst Inhalte und methodische Umsetzung im Rahmen der Seminare und der Übung vorgestellt.

– **Seminar**

Das Seminar gliedert sich in die Untereinheiten: ▸ **Kennenlernen und Einstieg in das Thema**, die ▸ **Erhebung der Sprachbiographie** sowie ▸ **Hinführung zur Übung**.

Kennenlernen und Einstieg in das Thema

Im Folgenden werden Ideen vorgestellt, wie der Einstieg und das Kennenlernen im Seminar erfolgen können.

» **Bildimpuls**
Als Kombination des Kennenlernens der Studierenden sowie eines ersten Einstiegs in das Thema bietet sich ein Fotoimpuls an. Dies kann beispielsweise ein Klassenfoto einer sprachlich heterogenen Klasse sein.

Aufgabenstellungen zum Foto

- Welche Assoziationen haben Sie zu diesem Bild?
- Welche eigenen Erfahrungen haben Sie bislang mit sprachlich heterogenen Schüler:innen gesammelt?
- Welche konkreten Herausforderungen stellen sich für Lehrer:innen in einer solchen Klasse?
- Welche Kompetenzen benötigen Sie als (zukünftige) Lehrer:in dafür?

Je nach Größe der Seminargruppe und spezifischer Intention können hier Methoden wie *Think-Pair-Share* (vgl. zu dieser Methode Gallin & Ruf 2005), Partnerarbeit oder Sammlung und Austausch im Plenum eingesetzt werden.
Neben dem Einstieg in das Thema bietet der Austausch zu dem Foto auch den Dozent:innen des Seminars einen ersten Einblick in Vorerfahrungen und Einstellungen der Kursgruppe, was – wie bereits angesprochen – für den weiteren Verlauf der Kursplanung berücksichtigt werden sollte. So ist es durchaus möglich, dass die Studierenden zu Beginn des Kurses auf nur wenige Erfahrungen mit sprachlich heterogenen Schüler:innen zurückgreifen können. Umso wichtiger ist die Sammlung und Reflexion von Erkenntnissen und Erlebnissen im späteren Praxisteil des Seminars.

» **Erfahrungsbericht einer Lehrkraft**

Eine weitere Möglichkeit des Einstiegs in die Thematik und zugleich eines Austauschs in der Studierendengruppe bietet folgender Erfahrungsbericht. Dieser gibt ein relativ realitätsnahes Bild der Arbeit einer Lehrkraft wieder.

> „Was soll ich denn noch alles können?" – Gedanken einer Lehrkraft
>
> „Muss ich jetzt auch noch Sprache unterrichten? Ich bin doch Fachlehrer! Es kann doch nicht meine Aufgabe sein, den Schülern Deutsch beizubringen – schließlich lass' ich mein Fach ja auch nicht von Deutschlehrern unterrichten ...
> Allerdings haben meine Lerner tatsächlich große Probleme mit der Sprache im Fachunterricht – sei es nun beim Beantworten von Fragen oder beim Umgang mit Schulbuchtexten. Besonders die Migrantenkinder beherrschen oft noch nicht einmal die einfachsten Sprachelemente. Wie aber soll ich überhaupt mit dem Stoff durchkommen oder diesen Lernern mein Fach beibringen, wenn ich auch noch auf die Sprachprobleme eingehen soll? Das alles kostet doch Zeit!
> Sicher, die Bildungsstandards schreiben mir vor, dass ich mich auch im Fachunterricht um die ‚Kommunikation im Fach' kümmern muss. Sie weisen diese sogar als eigenen Kompetenzbereich aus und fordern, dass ich kompetenzorientiert lehren soll. Zudem soll ich die Lerner durch angemessene Binnendifferenzierung individuell fördern. Nur: Wie soll man denn im eher ‚sprachlosen' Mathematikunterricht die Sprache fördern? Oder gar in den Naturwissenschaften ‚kommunizieren'? Gerade die Naturwissenschaften leben doch von der Fachsprache! Ich vergleiche die Fachsprache immer mit einer Art Fremdsprache, die halt einfach mühsam zu erlernen ist.
> Außerdem: Wie soll ich das überhaupt machen? Schließlich habe ich das nie gelernt. Und eigentlich wäre das dann doch ein Problem aller Fächer – und somit eine Aufgabe unserer gemeinsamen Schule!" (Leisen 2015: 2)

Fragestellungen zum Text

- Was ist Ihre Meinung zum Text? Empfinden Sie diesen eher als realitätsnah oder realitätsfern?
- Inwiefern verändern sich die Aufgaben eines Lehrers oder einer Lehrerin in der Schule?
- Empfinden Sie diese Aufgaben als spannend oder eher hinderlich für Ihren Fachunterricht?

Der Text in Verbindung mit den Fragestellungen lässt viel Raum zur Diskussion mit den Studierenden. Darüber hinaus unterstützt der themenbezogene Austausch das gegenseitige Kennenlernen.

Erhebung der Sprachbiographie

Die Sprachbiographie (Junk-Deppenmeier, Jeuk 2015: 16ff.), welche im Seminar verwendet wird, setzt sich aus zwei Beobachtungsbögen zusammen, dem Bogen SB 1 „Informationen über Sprachbiographie, Sprachgebrauch und emotionaler Zugang" sowie dem Bogen SB 2 „Fachliche Aspekte (Kompetenz Sprechen, Hören, Schreiben, Wortschatz und Grammatik, Lesen und Mediennutzung)". Während der erste Bogen es ermöglicht, sich einen ersten Überblick über den Sprachzugang des Schülers/der Schülerin zu verschaffen, nimmt der zweite Bogen vertieft die Kompetenzbereiche Hören, Lesen, mündliches sowie schriftliches Erzählen auf.
Bei der Durchführung der Sprachbiographie können einige Angaben ohne weiteres innerhalb eines Gesprächs oder bei einer kurzen Beobachtung des Schülers oder der Schülerin im Unterricht gemacht werden. Andere Informationen für die Sprachbiographie können erst im Rahmen eines längeren Kontakts mit der Schülerin oder dem Schüler erfolgen. Diese Information ist auch zentral für die Studierenden, die im Rahmen des Praxisteils die Sprachbiographie für ein bis zwei Schüler:innen durchführen. Dadurch ist für die Studierenden klar, dass nicht erwartet wird, dass die Sprachbiographie gleich beim ersten Zusammentreffen mit dem oder der Schüler:in komplett ausgefüllt wird. Vielmehr ist das Ziel, im Rahmen der wiederholten Schulbesuche die Sprachbiographie für den eigenen Schüler oder die eigene Schülerin immer ein Stück weiterzuentwickeln.
Die gesammelten Blankobögen zur Sprachbiographie befinden sich in folgender Quelle: Junk-Deppenmeier, Jeuk (2015): Praxismaterial Förderdiagnostik, Stuttgart, 16-19.

Aufgabenstellungen zur Sprachbiographie

Schauen Sie sich die einzelnen Fragestellungen genau an und überlegen Sie (zu zweit):

- Worauf sollten Sie bei der Durchführung achten?
- Wie schaffen Sie es, eine angenehme Atmosphäre zwischen Ihnen und dem Schüler/der Schülerin herzustellen?
- Wie schaffen Sie es, Antworten auf die Fragen zu erhalten, wenn der Schüler/die Schülerin noch über keine guten Deutschkenntnisse verfügt?

Die Aufgabenstellung zur Sprachbiographie kann im Seminar gegeben werden, die Studierenden können die Aufgabenstellung jedoch auch als Hausaufgabe erhalten.
Es bietet sich an, die Antworten im Seminar gemeinsam zu besprechen, bevor die Studierenden in der Übung mit den Schüler:innen zusammentreffen. Die Erfahrung hat gezeigt, dass die Studierenden die Fragestellungen oft in ihrer Schwierigkeit un-

terschätzen. Daher ist ein ausführliches gemeinsames Besprechen (zumindest der ersten Seite der Sprachbiographie) eine gute Grundlage für die selbständige Durchführung mit einem Schüler oder einer Schülerin.
Auch eine gute Vorabübung bietet die Durchführung der Sprachbiographie im Seminar. Dadurch werden die Studierenden vertrauter mit den einzelnen Fragestellungen der Sprachbiographie und lernen sich zugleich untereinander besser kennen.

Hinführung zur Übung

Der Praxisteil des ersten Bausteins ist im Anschluss an die ersten Seminarsitzungen geplant. Zur Vorbereitung des Besuchs an einer Schule sollten zwei Aspekte bereits im Rahmen des Seminars mit den Studierenden bearbeitet werden: Gestaltung des Kennenlernens mit der sprachlich heterogenen Klasse sowie Vorbereitung der Durchführung der Sprachbiographie.

» **Gestaltung des Kennenlernens mit der sprachlich heterogenen Klasse**
Gemeinsam wird im Seminar überlegt, wie die Studierenden möglichst schnell mit den Deutsch als Zweitsprache-Lerner:innen ins Gespräch kommen. Hierfür ist es notwendig, bereits erste Informationen über die Klasse bekannt zu geben, wie zum Beispiel die Schüler:innenanzahl, das Sprachniveau und das Alter der Schüler:innen. Anschließend tragen die Studierenden Kennenlernspiele zusammen. Hierbei ist zu berücksichtigen, stets die Eignung der Spiele für eine sprachlich heterogene Klasse im Blick zu haben. Für welchen Sprachstand ist das Spiel geeignet? Wie können die Deutsch als Zweitsprache-Lerner:innen dabei ihre sprachlichen Fertigkeiten weiterentwickeln?
Die Studierenden erhalten die Aufgabe, jeweils ein geeignetes Kennenlernspiel für das erste Zusammentreffen mit der Klasse vorzubereiten.

Aufgabenstellung zu den Kennenlernspielen

Bereiten Sie verschiedene Kennenlernspiele unter besonderer Berücksichtigung der sprachlichen Komponente für das erste Zusammentreffen mit der Klasse vor.

Einige Beispiele für geeignete Kennenlernspiele befinden sich in den Darlegungen zur Übung in Baustein 1.

» **Vorbereitung der Durchführung der Sprachbiographie**
Die Durchführung der Sprachbiographie wird bereits im Seminar vorbereitet. So sollen die Studierenden bereits im Vorfeld mit dem Sprachdiagnoseinstrument eine Vertrautheit erlangen. Beim ersten Zusammentreffen mit den Schüler:innen können sich die Studierenden dann voll auf die Durchführung mit den Kindern und Jugendlichen der Klasse konzentrieren.
Ein zentraler Aspekt bei der Vorbereitung ist die Frage, wie die Studierenden die verschiedenen Informationen, die für die Sprachbiographie benötigt werden, von

den Schüler:innen erhalten. Wie findet man beispielswiese heraus, ob der Schüler/die Schülerin bereits in einem anderen Land die Schule besucht hat, wenn diese:r nur über geringe Deutschkenntnisse verfügt?
Die folgenden Arbeitsaufträge können entweder im Rahmen des Seminars und/oder als Heimarbeit aufgegeben werden. Der Vorteil einer gemeinsamen Bearbeitung im Seminar ist, dass ein Austausch darüber zwischen den Studierenden mit den Dozierenden stattfinden kann.

Arbeitsaufträge im Zusammenhang mit der Sprachbiographie

- Machen Sie sich mit der Sprachbiographie vertraut.
- Überlegen Sie, wie Sie Fragen formulieren können, um die entsprechenden Informationen von den Schüler:innen zu erhalten.

– Übung

Eine naheliegende Möglichkeit des Praxisbezugs ist die aktive Kooperation mit einer sprachlich heterogenen Schulklasse.
Sofern eine Kooperation mit einer Schulklasse vorliegt, wird für den Baustein 1 des Kurses ein Kennenlernen zwischen Studierenden und Schüler:innen eingeplant. Zudem sind die Durchführung des Sprachstandsdiagnoseinstruments „Sprachbiographie" sowie die Reflexion dieser Begegnung(en) mit der Klasse für den Praxisteil des ersten Bausteins vorgesehen.
Für das erste Aufeinandertreffen von Studierenden und Schüler:innen bietet sich eine Form der Vorstellungsrunde an, in der jeder Schüler/jede Schülerin seinen Namen und in seiner Erstsprache „Hallo" sagt. Die Studierenden können raten, um welche Sprache es sich handelt. Die Möglichkeit des Gebrauchs der Erstsprache im Schulunterricht ist eine wichtige Fördermaßnahme zum Deutschlernen (vgl. Jeuk 2010: 132). Die Studierenden erhalten durch diese Vorstellungsrunde einen ersten Einblick in die Heterogenität der Klasse.
Danach beginnen die vorbereiteten Kennenlernspiele (→ Baustein 1, Hinführung zur Übung). Die Studierenden setzen diese nun selbstständig mit der Klasse um. Im Rahmen der Kennenlernspiele finden zum einen Begegnungen als Gesamtes, zum anderen in kleineren Gruppen statt. Ein Eins-zu-Eins-Kontakt kommt schließlich bei der Durchführung des Sprachdiagnoseinstruments „Sprachbiographie" zustande. Dabei sammeln die Studierenden erste Erfahrungen im Umgang mit möglichen Sprachbarrieren gegenüber den Schüler:innen aus der Klasse.

Kennenlernspiele

Im Folgenden werden verschiedene Spiele vorgestellt, welche sich für ein gegenseitiges Kennenlernen von Studierenden und Schüler:innen in sprachlich heterogenen Klassen eignen.

» **Ich packe meinen Koffer**

Bei diesem Spiel stehen die Mitspieler:innen in einem Kreis. Voraussetzung für „Ich packe meinen Koffer" ist die Kenntnis der Wortart „Verben". Jeder Mitspieler und jede Mitspielerin überlegt sich ein Verb, welches mit dem gleichen Buchstaben wie sein bzw. ihr Vorname beginnt. Daraus wird ein einfacher Satz gebildet, wie zum Beispiel: „Ich heiße **R**anda und ich **r**echne gerne." Es wird reihum gespielt. Der nächste Mitspieler bzw. die nächste Mitspielerin wiederholt den vorangegangenen Satz und ergänzt um einen eigenen: „Sie heißt Randa und rechnet gerne, ich heiße **S**imeon und **s**inge gerne." So wird weiter verfahren, bis alle an der Reihe waren. Dieses Spiel eignet sich auch für Schüler:innen mit geringen Sprachkenntnissen und lässt Schlüsse ziehen, ob beispielsweise die Konjugation schon beherrscht wird.

» **Spinnennetz**

Um die Namen der Schüler:innen kennenzulernen, eignet sich das Spiel „Spinnennetz". An Material benötigt man ein bis zwei Wollknäuel und viel Platz, um einen großen Kreis aus allen Teilnehmenden bilden zu können. Eine:r beginnt, hält den Anfang der Wolle in der Hand, nennt seinen bzw. ihren Namen und wirft das Knäuel zu einer anderen Person. Deren Aufgabe ist es, den Namen des Vorgängers bzw. der Vorgängerin zu wiederholen und sich im Anschluss selbst vorzustellen. Man hält den Wollfaden fest und wirft das Knäuel weiter. So entsteht nach und nach ein Spinnennetz. War der letzte bzw. die letzte an der Reihe, ist das Spiel entweder beendet oder das Spinnennetz wird aufgelöst, indem das Wollknäuel unter Nennung des Namens jeweils wieder zurückgeworfen wird, bis es aufgewickelt beim ersten Spieler bzw. bei der ersten Spielerin landet.
Zu diesem Spiel gibt es zahlreiche sprachliche Variationen. Die Aufgabe kann sein, dass man nicht nur den Namen des Vorgängers bzw. der Vorgängerin sagen muss, sondern alle, die schon an der Reihe waren. Ebenso denkbar ist, die Informationsdichte der Aussagen zu variieren, indem beispielsweise Auskunft über Herkunftsland, Alter oder Hobbys gegeben wird.
Das Spinnennetz verbindet schließlich alle – Studierende und Schüler:innen, völlig unabhängig vom jeweiligen Sprachstand gehören alle zusammen zu einer Gruppe, was das Gemeinschaftsgefühl steigert und (sprachliche) Barrieren überwindet.

» **Süßes und dann Saures**

Für dieses Spiel benötigt man eine Schüssel mit Süßigkeiten. Die erste Aufgabe lautet, sich so viele Süßigkeiten aus der Schüssel zu nehmen, wie man möchte. Erst wenn alle an der Reihe waren, erfolgt die Erklärung des weiteren Spielverlaufs. Die zweite Aufgabe ist es, zu jeder Süßigkeit eine Information über sich selbst preiszugeben. Damit „dürfen" diejenigen, die sich viele Süßigkeiten ausgesucht haben, auch einiges über sich erzählen und diejenigen, die etwas vorsichtiger waren, etwas weniger über sich berichten.
Dieses Spiel eignet sich gut für den Bereich „Deutsch als Zweitsprache". Auch Schüler:innen, die nur geringe Sprachkenntnisse haben, können bereits verschiedene Informationen über sich preisgeben, z.B. ihren Vor- und Nachnamen, ihr Alter, Anzahl der Geschwister oder welche Sprachen sie beherrschen.

» ***Speak-Dating* oder Kugellager**

Um noch besser ins Gespräch zu kommen und vor allem ein intensiveres Gefühl für die sprachlichen Fähigkeiten der Schüler:innen zu bekommen, ist ein *Speak-Dating* passend. Jeweils ein Student oder eine Studentin sitzt einem Schüler oder einer Schülerin gegenüber. Für dreißig Sekunden unterhalten sich die Gesprächspartner:innen zu einem bestimmten Thema, wie etwa „Was gefällt Dir an Deinem Heimatland besonders gut?“, „Was isst du am liebsten?“ oder „Wenn Du meine Stadt besuchst, dann würde ich dir folgendes zeigen“. Nachdem sich die Gesprächspartner:innen über das vorgegebene Thema unterhalten haben, findet ein Wechsel zum nächsten Partner oder zur nächsten Partnerin statt. Dieses Spiel läuft so lange, bis sich jeder Studierende mit jedem Schüler/jeder Schülerin zu einem Thema ausgetauscht hat. Beim *Speak-Dating* werden für die Studierenden sehr gut verschiedene sprachliche Niveaus einer Klasse (bspw. von A1.1 bis B1) erkennbar.
Das Spiel kann auch als Kugellager durchgeführt werden. Dabei stehen sich Studierende und Schüler:innen in einem äußeren und einem inneren Kreis gegenüber. Nach dem Austausch zu einem Thema bleibt ein Kreis stehen und der andere Kreis rückt einen Schritt nach links oder rechts weiter.

» **Du, ich – wir alle**

In einer Kleingruppe versuchen die Mitglieder herauszufinden, wofür sie individuell stehen, aber auch welche Gemeinsamkeiten vorherrschen. Mögliche Besprechungspunkte sind Hobbys, das Lieblingsessen, Filme, usw. Hierfür ist es erforderlich, sich intensiv miteinander zu beschäftigen und auszutauschen. Je nach Sprachniveau setzen Deutsch als Zweitsprachelerner:innen die Zielsprache oder auch Mimik und Gestik ein, um sich zu artikulieren. Durch die Situation in der Kleingruppe tauen sowohl Studierende als Schüler:innen auf. Die Ergebnisse werden auf Plakaten festgehalten (→ Abb. 11), welche wiederum als Hilfe bei der Präsentation dienen.

Abb. 11: Meine Hobbys – Deine Hobbys – Unsere Hobbys

Durchführung des Diagnoseinstruments „Sprachbiographie"

Für die Erstellung der Sprachbiographie wird empfohlen, die Zuteilung der Gruppen auf freiwilliger Basis vorzunehmen. So können Sympathien und Interessen, welche sich aus den Kennenlernspielen und dem *Speak-Dating* ergeben, vertieft werden. Einige Studierende sind fasziniert davon mit Schüler:innen zu arbeiten, die erst wenig Deutsch können. Sie behelfen sich mit anderen Sprachen oder auch Mimik und Gestik, um die gewünschten Informationen zu erlangen.
Um das Werkzeug „Sprachbiographie" ungestört mit den Schüler:innen durchführen zu können, bietet es sich an, jeder Gruppe einen eigenen Platz, Bereich oder Raum zu geben. An dieser Stelle kann man den Studierenden freistellen, ob sie das Interview mit einer Kleingruppe oder jeweils mit einzelnen Schüler:innen durchführen. In der Reflexionsrunde (zur Sprachbiographie) erklären viele Studierende die Schwierigkeit zeitgleich zuzuhören, sich auf das Gesagte zu konzentrieren und dieses sowohl inhaltlich als auch formal zu analysieren und in den vorgegebenen Bogen einzutragen. Um dieser Überforderung entgegenzuwirken, hilft es, das Gespräch zu audiographieren. So haben die Studierenden später die Möglichkeit, die Antworten noch einmal in Ruhe anzuhören und ihre Beobachtungen und Feststellungen in die Auswertungsbögen einzutragen.
Die Durchführung einer Sprachstandsdiagnostik in einer Schulklasse bedarf der Genehmigung seitens der zuständigen Schulaufsichtsbehörde.

Möglichkeiten, wenn keine Kooperationsklasse zur Verfügung steht

- Steht keine Schulklasse zur Verfügung, so können die Studierenden mithilfe einer Transkription oder einer Audioaufnahme der Befragung die Auswertungsbögen bearbeiten. Auf der Microsite finden sich zudem einige ausgefüllte Sprachbiographiebögen. Hier bietet sich die Möglichkeit, anhand dessen mit den Studierenden zu diskutieren, was bei diesem Schüler/dieser Schülerin vor dem Hintergrund einer Sprachförderung zu beachten wäre. Auch könnte besprochen werden, welche weiteren Informationen die Lehrkraft benötigen könnte, um eine passgenaue Förderung zu entwickeln.
- Die Studierenden organisieren ein Treffen mit Deutschlerner:innen und erstellen eine Sprachbiographie.
- Die Studierenden suchen selbständig eine Klasse, wobei sie ggf. den Kontakt zu Praktikumsklassen nutzen.

Reflexion im Rahmen des ersten Bausteins

Der erste Baustein des Kurses beinhaltet das Aufeinandertreffen der Studierenden mit einer sprachlich heterogenen Klasse. Hierbei kann das Feld an Emotionen und Überlegungen zur Situation sowie zur Durchführung der „Sprachbiographie" sehr weitläufig sein. Zudem sind die Vorerfahrungen und Vorkenntnisse in der Studierendengruppe oft vielfältig (→ Baustein 1, Inhalte und methodische Umsetzung). Daher ist die Reflexion der praktischen Erfahrung von zentraler Bedeutung.

Es bieten sich hier verschiedene Methoden an.

» **Austausch und Erzählen fördern**

Um kollegiales und professionelles Reflektieren einzuüben, sind systemisch-lösungsorientierte Fragen mit erzählauslösenden Formulierungen sinnvoll (vgl. Finke 2013), wie zum Beispiel:

- Woran haben Sie gemerkt, dass die Schülerin oder der Schüler etwas nicht versteht?
- Wie sind Sie bei der Sprachbiographie vorgegangen, um die gewünschten Informationen zu erhalten?
- Was würden Sie bei der Vorbereitung künftig anders machen?

» **Satzanfänge (auf Plakaten) ergänzen**

- Heute habe ich gelernt, dass ...;
- Folgende Frage ist für mich noch offen ...
- Gut geholfen hat mir ...

» **Hand-Reflexion**

Die Kursteilnehmer:innen werden aufgefordert den Umriss einer Hand auf ein Blatt Papier zu zeichnen. In die jeweilige Abbildung eines Fingers werden Informationen zu folgenden Gedanken notiert:

- Daumen: Das war super.
- Zeigefinger: Darauf möchte ich hinweisen.
- Mittelfinger: Das lief nicht so gut.
- Ringfinger: Das möchte ich sonst noch sagen.
- kleiner Finger: Das kam zu kurz.

Im Anschluss werden die Antworten der Reflexionsmethoden *Satzanfänge ergänzen* und *Hand-Reflexion* im Plenum vorgestellt und diskutiert. Anregungen für folgende Zusammenkünfte von Studierenden und der Klasse werden separat notiert, um diese entsprechend in den nächsten Praxisteil einfließen zu lassen.

» **Blitzlicht-Runde**

Falls am Ende des praktischen Teils der zeitliche Umfang beschränkt ist, bietet sich eine Abschlussrunde an. Hier gibt jeder Studierende eine Rückmeldung zu einer/mehren Frage(n), beispielsweise:

- Was fand ich heute besonders interessant?
- Was nehme ich mir für unser nächstes Treffen mit der Klasse mit?
- Was würde mir beim nächsten Mal helfen?

Unabhängig davon, welche Methode der Reflexion gewählt wird, bietet es sich für den Dozenten oder die Dozentin an, Notizen zu machen. Diese dienen der Weiterentwicklung des Kurses und sollten bereits im weiteren Verlauf berücksichtigt werden.

Empfohlene Fachliteratur zu Baustein 1

- Junk-Deppenmeier, A. & Jeuk, S. (2015): Praxismaterial Förderdiagnostik. Werkzeuge für den Sprachunterricht in der Sekundarstufe I. Stuttgart, 11-19.
  Diese Quelle eignet sich besonders gut zur Vorbereitung der Dozent:innen und zur Verwendung im Kurs. Das Werk bietet sechs Werkzeuge bzw. Verfahren zur Erhebung des Sprachstandes von Jugendlichen. Neben einer Vorlage für eine Sprachbiographie und Sprachbeobachtung stehen Sprachstandsdiagnoseverfahren, wie ein C-Test, Tests zum Hör- und Leseverstehen sowie zum mündlichen und schriftlichen Erzählen zur Verfügung. Die Werkzeuge können unabhängig voneinander eingesetzt werden und erlauben eine Einschätzung und Beschreibung von sprachlichen Kompetenzen.
- Feilke, H. (2012): Bildungssprachliche Kompetenzen – fördern und entwickeln. In: Praxis Deutsch 2331, 4-13.
  Diese Quelle eignet sich besonders gut zur Vorbereitung der Dozent:innen. In diesem Basisartikel legt der Professor für Germanistische Linguistik und Didaktik der deutschen Sprache Helmut Feilke den Fokus auf die sprachlichen Register „Bildungssprache" und „Schulsprache". Es werden Leitfragen für die Förderung bildungssprachlicher Kompetenzen präsentiert.
- Finke, A. (2013): „Erste allgemeine Verunsicherung" – Gedanken zur Begleitung von Studierenden beim Start in ihre Berufsidentität als Lehrer/innen im Rahmen des Orientierungspraktikums. In: Rohr, D. (Hrsg.): Reflexionsmethoden in der Praktikumsbegleitung am Beispiel der Lehramtsausbildung an der Universität zu Köln. LehrerInnenbildung gestalten; 2. Münster; München, 2013, 49-56.
  Diese Quelle eignet sich besonders gut zur Vorbereitung der Dozent:innen. https://www.waxmann.com/index.php?eID=download&buchnr=2779
  Alois Finke ist als Supervisor tätig und stellt in seinem Artikel „Erste allgemeine Verunsicherung" seine Erfahrungen innerhalb der Begleittätigkeit Lehramtsstudierender während des Orientierungspraktikums dar. Im Rahmen dessen erläutert er einige spannende Reflexionsmethoden mit Praxisbeispielen.

Baustein 2: (Sprachliche) Heterogenität

Kurzübersicht

Thema	Kompetenzen und Inhalte	Medien und Materialien
Einstieg in das Thema (sprachliche) Heterogenität	▪ Die Studierenden reflektieren ihre Vorerfahrungen und Einstellungen in Bezug auf sprachlich heterogene Klassen.	Video: Video Teil I Kapitel 6 aus Arnsdorf et al. (2010) Text: „Was soll ich denn noch alles können?“
Heterogenitätsdimensionen	▪ Die Studierenden kennen Heterogenitätsdimensionen und können diesen Merkmale zuordnen.	Foliensatz Baustein 2 Arbeitsblätter Baustein 2
(Sprachliche) Heterogenität	▪ Die Studierenden wissen um die Auswirkungen sprachlicher Heterogenität hinsichtlich des Unterrichts, speziell im Hinblick auf die Formulierung von Arbeitsaufträgen. ▪ Die Studierenden sind in der Lage, Unterrichtsmaterialien sprachbewusst zu reflektieren.	Foliensatz Baustein 2 Text: Niveaubeschreibungen GER aus Europarat (2001) Unterrichtsmaterialien (z. B. Arbeitsblätter oder Tests, etc.)

Inhalte und methodische Umsetzung

Im zweiten Baustein nähern sich die Studierenden dem Thema Heterogenitätsdimensionen und deren Einfluss auf das schulische Lernen an. Besondere Beachtung wird der sprachlichen Heterogenität geschenkt.

Im Rahmen des Kursbausteins 1 sammeln die Studierenden erste Erfahrungen mit dem Thema Heterogenität. Dies geschieht entweder durch das Zusammentreffen mit einer Schulklasse, einzelnen Schüler:innen oder durch die Verwendung ausgewählter authentischer Materialien, wie zum Beispiel Videosequenzen von Unterricht aus Deutschklassen. Dadurch entwickeln die Studierenden bereits ein Gefühl für die Spannbreite der Sprachkenntnisse einer sprachlich heterogenen Schulklasse. Diese Erfahrungen werden in diesem Baustein wieder aufgegriffen.

Neben der Kenntnis der verschiedenen Sprachniveaus sollen sich die Studierenden insbesondere dessen bewusstwerden, dass das sprachliche Niveau der Schüler:innen keine Aussage über weitere Eigenschaften und Fähigkeiten der Schüler:innen, wie zum Beispiel kognitive Begabungen, macht.

Baustein 2 setzt sich aus einer Seminarsitzung und einer Übung an der Universität zusammen. Authentisches Material aus der Schule wird in einer praktischen Vertiefungseinheit verwendet. Folgend werden die Inhalte und methodische Umsetzung der Seminareinheiten dargestellt.

– **Seminar**

Das Seminar gliedert sich in die Punkte ▸ **Einstieg in das Thema (sprachliche) Heterogenität**, ▸ **Heterogenitätsdimensionen** und ▸ **Sprachliche Heterogenität**.

Einstieg in das Thema (sprachliche) Heterogenität

Für den Einstieg in die Thematik „Heterogenität in der Schule" eignet sich ein Video[10] aus dem Werk „Fokus Grundschule" (Arnsdorf et al. 2010). Verschiedene Lehrer:innen berichten, wie sich ihr Schulalltag und ihre Aufgaben in den vergangenen Jahren verändert haben.

Aufgabenstellungen zum Video

- Inwiefern hat sich Schule in den vergangenen Jahren verändert?
- Welche Kompetenzen benötigen Sie als (zukünftige) Lehrer:innen dafür?

Das Video dient als Ausgangspunkt für zahlreiche Diskussionen. Neben der veränderten Akzeptanz der Lehrkräfte in der Gesellschaft werden auch Themen wie Elternbeteiligung und Erziehung, die scheinbar immer heterogener werdende Schülerschaft und die daraus resultierenden Maßnahmen für den Unterricht angesprochen.
Um die Studierenden zum einen zum Nachdenken über eigene Vorstellungen anzuregen, und zum anderen plakativ vor Augen zu führen, wie heterogen die Schülerschaft sein kann, wird folgende Aufgabenstellung vorgeschlagen.

Aufgabenstellungen

- Zeichnen Sie die Silhouette eines Menschen.
- Ergänzen Sie die Silhouette um mindestens sechs biographische Stichpunkte einer Schülerin oder eines Schülers, die bzw. der eine Deutschklasse oder eine sprachlich heterogene Klasse besucht.

Die Vorstellung der Ergebnisse im Plenum gibt den Dozierenden einen Einblick, inwieweit die Studierenden ein realitätsnahes Bild der Situation in Schulen haben. Die Dozierenden haben die Möglichkeit, unklare Sachverhalte oder wenig realistische Vorstellungen zu thematisieren. Zudem können diese Silhouetten herangezogen werden, um die verschiedenen Heterogenitätsdimensionen zu verdeutlichen.

Heterogenitätsdimensionen

Im nächsten Schritt werden die Heterogenitätsdimensionen anhand der Silhouetten zusammengetragen und falls nötig von den Dozierenden ergänzt. Hierfür dienen als theoretische Grundlage die Heterogenitätsdimensionen z.B. nach Wenning 2007.

---

10 Video Teil I Kapitel 6 aus Arnsdorf et al. (2010).

Im Seminar werden auf einer Folie die Heterogenitätsdimensionen dargestellt – in Abhängigkeit der herangezogenen Quelle und dem methodischen Vorgehen:

- Leistungsbedingte Heterogenität
- Altersheterogenität
- Sozialkulturelle Heterogenität
- Sprachliche Heterogenität
- Migrationsbedingte Heterogenität
- Gesundheits- und körperbezogene Heterogenität
- Geschlechtsbezogene Heterogenität

Bei der Diskussion der Heterogenitätsdimensionen wird darauf geachtet, dass jeweils ein Bezug zum Unterrichtsgeschehen hergestellt wird. So werden insbesondere individuelle und familiäre Determinanten betrachtet und somit die Schüler:innen selbst fokussiert[11].

Abschließend bietet sich an, folgende Aufgabenstellungen mit den Studierenden zu bearbeiten. Dadurch wird der direkte Bezug zur tatsächlichen Arbeit in einer sprachlich heterogenen Klasse hergestellt.

Aufgabenstellungen

- Ordnen Sie Ihre Informationen auf der Silhouette den Heterogenitätsdimensionen zu.
- Erweitern Sie Ihre Silhouette um die Kategorien, die Sie noch nicht berücksichtigt haben.
- Inwiefern betreffen diese Heterogenitätsfaktoren Ihre spätere Arbeit in sprachlich heterogenen Klassen?
- Welche Faktoren sind besonders in einer sprachlich heterogenen Klasse bzw. in einer Deutschklasse zu beachten?

Sprachliche Heterogenität

Die vorgelagerten Schritte führen zum Themenschwerpunkt des Kurses, der sprachlichen Heterogenität. Dieser rückt nun in den Fokus der Aufmerksamkeit.

Zunächst wird die Einteilung der Sprachniveaus nach dem Gemeinsamen Europäischen Referenzrahmen (→ Tab. 1) mit den Studierenden besprochen. Es bietet sich an mit den Vorkenntnissen der Studierenden zu arbeiten, da die DaZ-Studierenden in der Regel bereits von dieser Einteilung gehört haben.

Aufgabenstellung zu den Sprachniveaus des Gemeinsamen Europäischen Referenzrahmens

Erstellen Sie eine Mindmap zum Europäischen Referenzrahmen.

11 Vergleiche zu Leistungsheterogenität und Kompetenzentwicklung Scharenberg (2012).

Zur Bearbeitung der Aufgabenstellung kann Einzelarbeit, aber auch Partner- und Gruppenarbeit als Sozialform gewählt werden.
Nach erfolgter Arbeit werden die Ergebnisse zusammengetragen, so dass am Ende die verschiedenen Niveaustufen präsent sind. Schön ist es, wenn einige Studierenden von ihren Erfahrungen zu den Niveaustufen berichten können. So kann es beispielsweise sein, dass eine Studentin Nachhilfe bei einem Schüler auf Niveau A2 gibt, oder ein Student im Praktikum eine Schülerin in der Klasse auf Niveau A1 erlebt hat. Alle diese Berichte tragen zum besseren Verständnis der Niveaustufen bei, aber auch zum praktischen Umgang mit Schüler:innen der verschiedenen sprachlichen Stufen. Es sollte auf jeden Fall Raum für Diskussionen eingeräumt werden, die durch die Expertise einer Lehrkraft unterstützt werden können.

– Übung

Die Übung konzentriert sich auf mündliche und schriftliche Arbeitsaufträge, da das Verstehen dieser zentral für die aktive und erfolgreiche Teilhabe am Unterricht ist.

Aufgabenstellung zu mündlichen Arbeitsaufträgen

- Welche Möglichkeit sehen Sie, mündliche Arbeitsaufträge für Schüler:innen mit sprachlichen Defiziten zu präsentieren? Wenden Sie Ihre Überlegungen konkret auf Arbeitsblatt 1 an.
- Welche sprachlichen Vorkenntnisse benötigen die Schüler:innen, um Ihre Anweisungen zu verstehen?

Arbeitsblatt 1: Arbeitsaufträge mündlich formulieren

Sie unterrichten eine sprachlich heterogene Klasse. Einige Schüler:innen verstehen noch nicht so gut Deutsch. Wie formulieren Sie als Lehrer:in folgende Arbeitsanweisungen?

- Sie begrüßen die Schüler:innen zu Beginn der Stunde. Alle sollen sich hinstellen. Ein:e Schüler:in aus der Klasse darf die Mitschüler:innen in seiner/ihrer Muttersprache begrüßen.
- Ein:e Schüler:in ist nicht zum Unterricht erschienen. Sie schicken eine:n Schüler:in ins Sekretariat, wo er/sie sich erkundigen soll, ob die/der fehlende Mitschüler:in krank ist.
- Sie beginnen die Unterrichtsstunde mit der Hausaufgabenverbesserung.
- Die Tafel soll gewischt werden.
- Sie möchten im Buch auf Seite 35 mit Aufgabe 4b weitermachen.
- Die Aufgabe soll in Partnerarbeit erledigt werden.
- Sie erklären, dass in der Schule Handys, Kaugummi kauen und Käppis verboten sind.
- Zwei Schüler:innen sollen ein Arbeitsblatt austeilen.

Die Studierenden haben zuerst die Gelegenheit, sich in Einzelarbeit Gedanken über die Situationen und deren Auflösung zu machen. Daraufhin werden im Plenum verschiedene Lösungsvorschläge präsentiert, ergänzt und diskutiert. Individuelle Lösungen sind möglich.

Die folgenden Aufgabenstellungen richten den Fokus auf schriftliche Arbeitsaufträge sowie Tests.

Aufgabenstellung zu schriftlichen Arbeitsaufträgen

- Welche Möglichkeiten sehen Sie, schriftliche Arbeitsaufträge für Schüler:innen mit sprachlichen Defiziten zu formulieren?
- Übersetzen Sie eine der folgenden Aufgaben in eine andere Sprache, welche für Sie eine Fremdsprache ist.
- Welche sprachlichen Hürden verbergen sich in diesen Arbeitsaufträgen? Markieren Sie.
- Entwerfen Sie eine sprachlich entlastete Version dieser Aufgaben.

Arbeitsblatt 2: Arbeitsaufträge schriftlich formulieren

Diese Arbeitsaufträge entstammen einem Mathematik-Test, geschrieben in einer 9. Klasse an einer Mittelschule.

1. Lisa geht zur „Super-Zinsen-Bank" und will 450 € für 4 Monate anlegen. Wie viel Zinsen bekommt sie am Ende der Spar-Zeit, wenn der Zinssatz 4,5 % beträgt?
2. Sven braucht dringend Geld und leiht sich bei der „Spaß-Kasse" für 18 Tage 400 €. Die Bank rechnet mit einem Zinssatz von 8%. Wie viel Geld muss Sven insgesamt nach den 18 Tagen zurückzahlen?
3. Beas Bruder leiht seiner Schwester 10 € und sagt großzügig: „Ich will nicht viel Zinsen. Gib mir pro Tag als Leihgebühr einfach einen Cent!"
   a) Wie viele Zinsen bekommt der Bruder, wenn Bea sich das Geld für ein Jahr leiht?
   b) Berechne den Bruder-Zinssatz für ein Jahr. Ist der Bruder großzügig oder habgierig?
4. Ottos Oma hatte am Tag der Geburt für Otto ein Sparbuch angelegt, auf dem die Oma 2.000 € eingezahlt hat. Zu jedem Geburtstag bekam Otto die Zinsen geschenkt, welche er in sein Sparschwein steckte. An seinem 18. Geburtstag schlachtet Otto sein Sparschwein und freut sich über insgesamt 1.440 €.
   a) Wie viel Geld konnte Otto pro Jahr in sein Sparschwein stecken?
   b) Wie hoch war der Zinssatz bei Omas Bank?
5. Mia hat 3000 € gespart und möchte dieses Geld neun Monate anlegen. Hierfür hat sie zwei Angebote:

Bank A	Bank B
Taschengeldkonto mit Guthabenverzinsung von 2%	**Sonderaktion für Jugendliche:** Für jeden Tausender: → 1€ Zinsen monatlich in den ersten sechs Monaten → ab dem 7. Monat 2€ Zinsen monatlich

   a) Gesucht: Zinsen (9 Monate) bei Bank A; Zinsen (9 Monate) bei Bank B;
   b) Gesucht: Jahreszinsen Bank B? Zinssatz (im Jahr) Bank B
      → Hinweis: Wenn du Aufgabe a) nicht berechnen konntest rechne mit 30 Euro Zinsen weiter. Ansonsten verwende den Betrag von Aufgabe a).
6. Pauls Vater ist Fahrradhändler und kauft beim Großhandel ein Kinderrad für 225 € ein. Er rechnet mit 15% Geschäftskosten und 20% Gewinn. Dazu kommt noch die Mehrwertsteuer von 19%. Für wie viel Euro wird er das Fahrrad mindestens in seinem Geschäft verkaufen?

b.w

:::

Diese Arbeitsaufträge entstammen einem GSE-Test (Geschichte-Sozialkunde-Erdkunde), geschrieben in einer 9. Klasse an einer Mittelschule.

1. In welcher Stadt verhandelten die Siegermächte über das Schicksal Deutschlands?
2. Nenne die drei Vertreter der Siegermächte (Nachname und Nation)!
3. Welche Siegernation fehlte bei den Verhandlungen?
4. Welches Organ ersetzte die deutsche Regierung?
5. Wem unterstand die Besatzungszone, in der Landsberg liegt?
6. Nenne drei Beschlüsse der Siegermächte. Ergänze die Begriffe!

   Dem________________________
   Dem________________________
   Dem________________________
7. Gib ein Beispiel für Gebietsveränderungen an.

Die Aufgaben werden nach der Methode *„Think-Pair-Share“* bearbeitet und schaffen ein Bewusstsein für komplexe fachsprachliche und -spezifische Frage- und Aufgabenstellungen.

Empfohlene Fachliteratur zu Baustein 2

- Wenning, Norbert (2007): „Heterogenität als Dilemma für Bildungseinrichtungen“. In: Boller, Sebastian; Rosowski, Elke & Stroot, Thea (Hrsg.) 2007: Heterogenität in Schule und Unterricht. Handlungsansätze zum pädagogischen Umgang mit Vielfalt. Weinheim, Basel: Beltz, 21-31.
  Diese Quelle eignet sich besonders gut zur Intensivierung des Themas Heterogenitätsdimensionen.
- Arnsdorf, Dieter; Endt, Ernst; Massoudi, Gerlinde; Paul, Rainer & Veress, Bernadett (2010): Fokus Grundschule. Lehreralltag – Unterricht – Pädagogische Konzepte und Projekte. Ein Kurs zur Aus- und Fortbildung von Primarschullehrerinnen und-lehrern für Deutsch als Fremdsprache. Köln: Gilde.
  Diese Quelle eignet sich für Dozierende und Studierende, um einen Einblick in weitere Themen hinsichtlich Veränderungen im Lehreralltag zu erhalten.
- Trim, John; North, Brian & Coste, Daniel (2001): Gemeinsamer europäischer Referenzrahmen für Sprachen: lernen, lehren, beurteilen. Stuttgart: Klett.
  Diese Quelle gibt nähere Informationen zu den einzelnen Niveaustufen des Gemeinsamen Europäischen Referenzrahmens. Hier findet sich eine weitere differenzierte Darstellung der Fertigkeiten Lese-/Hörverstehen, Sprechen und Schreiben.

Baustein 3: Vermittlung von Fach- und Bildungssprache

Kurzübersicht

Thema	Kompetenzen und Inhalte	Medien und Materialien
Erarbeitung der Begrifflichkeiten sprachlicher Register	▪ Die Studierenden kennen die drei sprachlichen Register Alltagssprache, Fachsprache, Bildungssprache. ▪ Die Studierenden entwickeln eigene Beispiele zu den Sprachregistern und können diese entsprechend zuordnen. ▪ Die Studierenden begreifen, dass die sprachlichen Register keine fixe Größe sind, sondern dass diese als Konstrukt dienen, welches fließende Übergänge hat.	Foliensatz Baustein 3 Arbeitsblätter Baustein 3
Zusammenhang Alltags- und Bildungssprache Deutsch	▪ Die Studierenden erkennen, wie das Bewusstsein über die verschiedenen sprachlichen Register im konkreten DaZ-Unterricht weiterhilft.	Foliensatz Baustein 3 Arbeitsblätter Baustein 3 Schulbücher

Inhalte und methodische Umsetzung

Der dritte Baustein des Kurses beschäftigt sich insbesondere mit der inhaltlichen Klärung der Begriffe Alltags-, Fach- und Bildungssprache, welche Rolle diese in der Schule spielen und wie sie im Unterricht umgesetzt werden können. Der theoretische Teil dient als Vorbereitung auf Baustein 6, in dem es darum geht, im Sinn der durchgängigen Sprachbildung sprachsensiblen Unterricht zu planen.

Um eine Unterscheidung der verschiedenen Register von Sprache vornehmen zu können, ist für die Studierenden wichtig, zum einen ihre eigene Sprache zu reflektieren, zum anderen sich über sprachliche Hürden für DaZ-Lerner:innen bewusst zu werden. Der Schulalltag ist geprägt von Alltags-, Bildungs- und Fachsprache. Die Kenntnis über den Zusammenhang dieser sprachlichen Register (→ Abb. 6) hilft den Studierenden ein stärkeres Bewusstsein für die Stellung der Herkunftssprache zu erlangen sowie die Alltagssprache zu fördern, um so zur Bildungssprache zu gelangen. Schüler:innen, die Deutsch als zweite Sprache lernen oder aus sozioökonomischen Gründen Nachholbedarf hinsichtlich bildungssprachlicher Fähigkeiten haben, benötigen im Rahmen einer durchgängigen Unterstützung Hilfe in der Schule. Durchgän-

gigkeit meint, dass sprachliche Kompetenzen nicht nur im Deutsch- und Deutsch als Zweitsprache-Unterricht vermittelt, sondern auch in den einzelnen Fächern unterrichtet werden müssen (vgl. Gogolin, Lange 2011). Unabdingbar für eine erfolgreiche Sprachbildung und in der Konsequenz für den schulischen Erfolg sind Lehrkräfte, die sich der Thematik bewusst sind und entsprechend ausgebildet sind bzw. Fortbildungsangebote wahrnehmen (vgl. Benholz, Siems 2016). Auch Schüler:innen, die in Deutschklassen intensiv Deutsch als Zweitsprache gelernt haben und ausreichende alltags- und bildungssprachliche Fähigkeiten besitzen, um in eine Regelklasse zu wechseln, benötigen noch Hilfen im Spracherwerb.
Baustein 3 setzt sich zusammen aus zwei Seminarsitzungen an der Universität. In diesen Sitzungen sind mit Hilfe von authentischen Materialien aus der Schule praktische Vertiefungseinheiten vorgesehen. Im Folgenden werden Inhalte und methodische Umsetzung der Seminare vorgestellt.

– **Seminar**

Die Seminarsitzungen beinhalten die ▸ **Erarbeitung der Begrifflichkeiten sprachlicher Register** sowie den ▸ **Zusammenhang Alltags- und Bildungssprache Deutsch**.

Erarbeitung der Begrifflichkeiten sprachlicher Register

Am Anfang steht der Einstieg in die Thematik der sprachlichen Register. Folgende Tabelle wird dazu von den Dozierenden im Plenum vorgestellt, mit den Studierenden analysiert und Fragen klärend besprochen.

Tab. 3: Sprachliche Register (Abshagen 2015: 11)

Alltagssprache	Bildungssprache	Fachsprache
▪ oft nur aus der Situation heraus (kontextgebunden) ▪ eher kurze, mitunter unvollständige Sätze ▪ geringer Wortschatz ▪ eignet sich für Kommunikation in der Familie, mit Freunden, auf der Straße	▪ an Schriftsprache angelehnt (geredet wie gedruckt) ▪ ohne Vorkenntnis des Zusammenhangs verständlich ▪ komplexe, vollständige Haupt- und Nebensätze ▪ umfangreicher Wortschatz ▪ Verwendung schwieriger, grammatischer Strukturen ▪ Sprache der Schule, damit können anspruchsvollere Kontexte beschrieben werden	▪ Teil der Bildungssprache ▪ enthält viele Fachbegriffe und fachsprachliche Redewendungen ▪ ist oft sehr knapp ▪ Sprache der Wissenschaft, präzise, eindeutig und abstrakt ▪ muss wie eine Fremdsprache gelernt werden

Sinnvoll ist es an dieser Stelle darauf hinzuweisen, dass die Übergänge zwischen den einzelnen sprachlichen Registern fließend sind. Dieser Aspekt kann auch gut bei der Entwicklung und Diskussion der Beispiele (→ Aufgabenstellungen 1-5 zu den sprachlichen Registern) aufgegriffen und verdeutlicht werden.
Um das Wissen der Studierenden zu dieser Einteilung zu sichern und den Lernprozess zugleich anwendungsorientiert zu gestalten, werden folgende Aufgabenstellungen angeschlossen. Diese Aufgaben können in Einzel-, Partner- oder Gruppenarbeit bewältigt werden.

Aufgabenstellung 1 zu den sprachlichen Registern

Ordnen Sie folgende Sätze den Kategorien *Alltag-*, *Bildungs-* und *Fachsprache* zu.
„Die Innenwinkelsumme im Dreieck beträgt 180°."
„Zusammen ist es immer gleich."
„Wenn du diese drei Größen zusammenzählst, erhältst du immer den gleichen Wert."

Im Folgenden findet sich die Auflösung zur Aufgabenstellung 1 zu den sprachlichen Registern.
Alltagssprache: „Zusammen ist es immer gleich."
Bildungssprache: „Wenn du diese drei Größen zusammenzählst, erhältst du immer den gleichen Wert."
Fachsprache: „Die Innenwinkelsumme im Dreieck beträgt 180°."

Aufgabenstellung 2 zu den sprachlichen Registern

Formulieren Sie ein eigenes Beispiel zu den sprachlichen Registern.

Beispiele, welche von Studierenden entwickelt wurden, lauten:

- „Pflanzen machen Luft." (*Alltagssprache*)
- „Pflanzen erzeugen die Luft, die wir atmen." (*Bildungssprache*)
- „Sauerstoff ist ein Produkt der Photosynthese." (*Fachsprache*)
- „Sachen, die man anfassen kann, schreibt man groß." (*Alltagssprache*)
- „Namenwörter werden im Deutschen großgeschrieben." (*Bildungssprache*)
- „Im Deutschen gibt es das Prinzip der Groß- und Kleinschreibung. Bei Nomen wird der Anfangsbuchstabe großgeschrieben." (*Fachsprache*)

Die vorgestellten Beispiele können von den Kommiliton:innen den einzelnen Registern zugeordnet werden. In der gemeinsamen Diskussion mit den Studierenden zu der Thematik wird zum einen der Aspekt der „fließenden Übergänge", zum anderen die Unterscheidung der verschiedenen Ebenen deutlich.
Wie sich die sprachlichen Register in „normalen" Schulbüchern wiederfinden, können die Studierenden anhand folgender Aufgabenstellung analysieren. Es besteht

die Möglichkeit, hierzu Schulbücher aus verschiedenen Fächern (Mathe, Deutsch, Sachunterricht, ...) und Jahrgängen zu verwenden.

Aufgabenstellung 3 zu den sprachlichen Registern

Welche sprachlichen Register identifizieren Sie in den vorliegenden Schulbüchern?

Ziel der Aufgabenstellung ist (und dies sollte auch in der anschließenden Plenumsdiskussion deutlich werden) zu sehen, wie stark präsent die Bildungs- und Fachsprache in den Schulbüchern ist, aber auch, wie in Schulbüchern der Bogen von der Alltagssprache hin zur Bildungs- und Fachsprache gespannt wird. Dies betrifft auch Fächer, wie zum Beispiel Mathematik, in denen es unter Umständen nicht direkt erwartet wird.

Zusammenhang Alltags- und Bildungssprache Deutsch

Es erfolgt die Erarbeitung des Zusammenhangs von (erstsprachlicher) Alltagssprache hin zur angestrebten Bildungssprache Deutsch mit Hilfe von Abbildung 6. (→ Kapitel *Theoretische Grundlegung*)

Aufgabenstellung 4 zu den sprachlichen Registern

Besprechen Sie mit einem Partner/einer Partnerin, wie diese Grafik zu interpretieren ist. Gerne können Sie dabei Beispiele aus Ihrer eigenen Erfahrung einfließen lassen. Auch eine kritische Diskussion kann eingebunden werden.

Die Studierenden erhalten ausreichend Zeit, sich mit der Grafik zu beschäftigen. Im Anschluss werden im Plenum Interpretationen, Beispiele sowie kritische Überlegungen der Studierenden diskutiert. Sofern die Zusammenhänge der Grafik erschlossen sind, erfolgt der Schritt in die konkrete Praxis des DaZ-Unterrichts.

Aufgabenstellung 5 zu den sprachlichen Registern

Welche Erkenntnisse entnehmen Sie dieser Darstellung für Ihren DaZ-Unterricht? Berücksichtigen Sie bei Ihren Überlegungen auch die Feststellungen, die Sie aus der Sichtung der Schulbücher gewonnen haben.

Wesentliche Erkenntnisse können sein:

- Die Bildungssprache ist ständig präsent (z.B. Schulbücher). Die Aufarbeitung für die Schüler:innen ist an das jeweilige Sprachniveau zu knüpfen. Ggf. sind den Schüler:innen sprachliche Hilfen anzubieten.
- Das Niveau der Herkunftssprache spielt eine wesentliche Rolle beim Erwerb der Sprache Deutsch. Daher ist der Herkunftssprache ein hoher Stellenwert einzuräu-

men. Inhaltliche Gespräche in der Herkunftssprache sind also nicht zu unterbinden, sondern entsprechend zu berücksichtigen.

- Da das Niveau der Herkunftssprache eine wichtige Rolle spielt, ist die Kenntnis über den Stand des Schülers/der Schülerin in dieser Sprache von Bedeutung, z. B. auch die Frage, ob ein Schulbesuch stattgefunden hat oder nicht. Hat ein Schulbesuch im Heimatland stattgefunden, so ist es wahrscheinlich, dass der Schüler oder die Schülerin – je nach Dauer des Schulbesuchs – über bildungssprachliche Fähigkeiten verfügt.

Empfohlene Fachliteratur zu Baustein 3

- Dörsam, D. & Portner, H. (2013): Mit der Sprache muss man rechnen – mit den Wörtern auch.
  Diese praxisnahe Handreichung zeigt auf, welche typischen Stolpersteine speziell in Textaufgaben im Mathematikunterricht stecken. Daneben werden Strategien für Lehrkräfte vorgestellt, wie sie diese Stolpersteine im Unterricht vermeiden können.
- Buchert, C. & Mehlin, S. (2014): Fortbildung zur Durchgängigen Sprachbildung. Arbeitsaufträge selbstständig entschlüsseln und bearbeiten. In: URL: https://docplayer.org/21633626-Fortbildungen-zur-durchgaengigen-sprachbildung.html; letzter Zugriff: 15.02.2018.
  Diese Quelle eignet sich zur Vorbereitung der Dozent:innen und als zusätzliche Informationsquelle für Studierende
- Martens, L. (2014): Fortbildung zur Durchgängigen Sprachbildung: Stolpersteine der deutschen Sprache.
  Diese Quelle eignet sich zur Vorbereitung der Dozent:innen und als zusätzliche Informationsquelle für Studierende

Baustein 4: Sprachstandsdiagnostik

Kurzübersicht

Thema	Kompetenzen und Inhalte	Medien und Materialien
Einstieg in das Thema Sprachstandsdiagnoseverfahren	▪ Die Studierenden kennen die Relevanz von Sprachstandsdiagnoseverfahren.	Foliensatz Baustein 4
Konkrete Verfahren der Sprachstandsdiagnose	▪ Die Studierenden kennen verschiedene Sprachstandsdiagnoseverfahren. ▪ Die Studierenden werten die durchgeführten Sprachstandsdiagnoseverfahren aus und ziehen entsprechende Schlüsse daraus.	Foliensatz Baustein 4 Arbeitsblätter Baustein 4 Videoaufnahmen des Sprachstandsdiagnoseverfahren „Mündliches Erzählen“ ausgefüllte C-Tests Transkriptionen des Sprachstandsdiagnoseverfahren „Mündliches Erzählen“ Werkzeug C-Test aus Junk-Deppenmeier, Jeuk (2015)
Verknüpfung der Lehrkräftebildungsphasen (Übung)	▪ Die Studierenden führen verschiedene Sprachstandsdiagnoseverfahren mit einzelnen Schüler:innen durch.	Werkzeug C-Test aus Junk-Deppenmeier, Jeuk (2015) Werkzeug Mündliches Erzählen aus Junk-Deppenmeier, Jeuk (2015) Anschauungsmaterial Mündliches Erzählen

Inhalte und methodische Umsetzung

Der Fokus des vierten Bausteins liegt auf der Sprachstandsdiagnose. Hier bietet sich eine Zusammenarbeit des Uniseminars mit einem Seminar aus der zweiten Lehramtsausbildungsphase an. Dazu eignen sich die Studierenden zunächst Wissen über verschiedene Möglichkeiten zur Erhebung des Sprachstandes von mehrsprachigen Schüler:innen an. An dieser Stelle haben die Studierenden dann einen Wissensvorsprung gegenüber den Lehramtsanwärter:innen, die mehrheitlich noch keine Berührungspunkte mit Sprachstandsdiagnoseverfahren haben. Die Lehramtsanwärter:innen haben jedoch gegenüber den Studierenden einen Vorsprung in Bezug auf praktische Erfahrungen. Das Seminarkonzept ist so ausgelegt, dass beide Gruppen hinsichtlich ihrer Erfahrungen und Kenntnisse voneinander profitieren.
Im Anschluss an die Durchführung der Diagnosetests ist es die Aufgabe der Studierenden, aufgrund der gewonnenen Ergebnisse entweder passende Fördermaterialien (Baustein 5) oder eine sprachsensible Unterrichtsstunde (Baustein 6) zu planen. Sowohl die Fördermaterialien als auch die Unterrichtsstunde werden praktisch erprobt. Da die Lehramtsanwärter:innen bereits in den ersten Monaten ihrer Ausbildung vielfältige Einblicke in die Gestaltung von Unterrichtsmaterial gewonnen haben, können sie die Studierenden beim Entwurf des eigenen Fördermaterials bzw. bei der Vorbereitung der Unterrichtsstunde beraten. Es bietet sich an, ein erstes von zwei gemeinsamen Treffen zwischen dem Uni-Seminar und einem Lehramtsanwärter:innen-Seminar in den Räumlichkeiten der Universität durchzuführen.
Den theoretischen Schwerpunkt des Seminars bildet das vertiefte Kennenlernen verschiedener Sprachstandsdiagnoseverfahren. Die diesem Baustein zugrundeliegende Literatur ist das *Praxismaterial Förderdiagnostik* von Junk-Deppenmeier, Jeuk (2015), da dies durch die Vorstellung sechs verschiedener Werkzeuge zur Erhebung des Sprachstandes einen umfangreichen Überblick über unterschiedliche Verfahren gibt und gut von Lehrer:innen im Unterricht eingesetzt werden kann. Der individuelle Lernstand kann somit genau und umfassend beschrieben werden. Zudem gibt es konkrete Hinweise für die sprachliche Förderung (ebd.). Die Werkzeuge heißen im Einzelnen:

- Sprachbiographie
- C-Test
- Hörverstehen
- Leseverstehen
- Mündliches Erzählen
- Schriftliches Erzählen

Das *Praxismaterial Förderdiagnostik* dient zur Erkennung eines Förderbedarfs von Schüler:innen der 5. und 6. Klasse, aber auch der Einsatz bei älteren Jugendlichen ist denkbar.
Baustein 4 setzt sich aus zwei Seminarsitzungen an der Universität sowie zwei Übungseinheiten an einer Schule oder unter Hinzuziehen entsprechender Materialien zur praktischen Vertiefung zusammen. Im Folgenden werden Inhalte und methodische Umsetzung im Rahmen der Seminare und der Übung vorgestellt.

– **Seminar**

Der ▶ **Einstieg in das Thema Sprachstandsdiagnoseverfahren** legt die theoretischen Grundlagen. Im Anschluss daran werden ▶ **Konkrete Verfahren der Sprachstandsdiagnose** vorgestellt.

Einstieg in das Thema Sprachstandsdiagnoseverfahren

Der Einstieg in den Bereich der Sprachstandsdiagnostik kann über verschiedene Wege vorgenommen werden. Im Folgenden werden einige Vorschläge dargelegt.

Aufgabenstellung 1 zum Einstieg

- Welche Informationen benötigen Sie als Lehrkraft, um Ihre Schüler:innen passend fördern zu können?
- Kennen Sie bereits Verfahren zur Sprachstandsdiagnose?

Die Antworten der Studierenden fallen je nach Fortschritt im Studium und schulpraktischen Erfahrungen ausführlich aus. Mögliche Antworten seitens der Studierenden können sein:

- Bezug auf die Vorbildung: Wie lange und in welchem Land ging der Schüler/die Schülerin in die Schule?
- Beruf der Eltern
- Sprachen, die zu Hause gesprochen werden
- Mitgliedschaft in einem Verein oder einer Jugendgruppe, wo auch Deutsch gesprochen wird
- Stand der Muttersprache und möglicher weiterer Sprachen
- Sprachstand in Deutsch als Zweitsprache
- Dauer des Spracherwerbs Deutsch als Zweitsprache
- Unterstützungsmöglichkeiten außerhalb der Schule
- familiäre Situation
- Herkunft des Schülers/der Schülerin
- emotionale Auffälligkeiten
- Schriftsystem, welches der Schüler/die Schülerin beherrscht
- Alter

- Ängste und Motivationen
- Lernschwierigkeiten
- Konzentrationsschwierigkeiten
- Unterschiede in den Fertigkeiten Sprechen, Schreiben, Hören, Lesen
- Einwanderung wann, wo und mit wem?
- körperliche Voraussetzungen

Eine Strukturierung und Ergänzung der Antworten ist nach folgenden Kategorien möglich:

- Definition
- Ziele
- Zielgruppe
- Stärken und Schwächen
- Sprachstandsdiagnoseverfahren
- Ergebnisse der Sprachstandsdiagnose für Förderung und sprachsensiblen Unterricht nutzbar machen

Aufgabenstellung 2 zum Einstieg

Erstellen Sie eine Mindmap zum Thema Sprachstandsdiagnose.
(Eventuell können die Kategorien zur Strukturierung (s. o.) als Anregung vorgegeben werden.)

Die Mindmaps werden im Anschluss vorgestellt und besprochen. Zudem können die Mindmaps das gesamte Semester hinweg verwendet werden, um immer wieder neue Erkenntnisse zu diesem Thema zu ergänzen. Am Ende des Semesters kann der Stand aus der ersten Stunde mit dem Stand der letzten Stunde verglichen werden, um somit den Wissenszuwachs der Studierenden sichtbar zu machen.

Konkrete Verfahren der Sprachstandsdiagnose

» **C-Test**

Beim C-Test handelt es sich um ein effizientes Testinstrument zum Diagnostizieren des Sprachstands von Schüler:innen. Darüber hinaus dient es dazu, allgemeinsprachliche Förderbedarfe aufzudecken. Es ist ein Instrument, anhand dessen vor allem Lesekompetenz und Textverständnis geprüft werden können (vgl. Baur, Spettmann 2009). Der schriftliche Test wurde 1981 von Ulrich Raatz und Christine Klein-Bradley entwickelt (ebd.).

Ein C-Test besteht aus vier bis fünf voneinander unabhängigen, in sich zusammenhängenden Texten, die nach einem bestimmten Muster getilgt sind: Überschrift, erster und letzter Satz bleiben unverändert, im restlichen Text fehlt jeweils die zweite Hälfte jedes zweiten Wortes.

Der folgende Ausschnitt eines C-Tests wurde von Kniffka et al. (2007) entwickelt:

1. Die Popkomm – die größte Party der Welt

Im Sommer 1992 feierten die Menschen in Köln eine große Musikveranstaltung. Sie w_____ sehr erfolg _____. Deshalb woll _____ man e _____ solches Fe _____ jedes Ja _____ im Som _____ machen. M _____nannte e _____Popkomm. B _____ zum Ja _____ 2003 si _____ jährlich zw_____ Millionen Besu _____ zur Popkomm geko _____. Sehr schn _____ wurde s _____ die grö _____ Musikveranstaltung d _____ Welt. Se _____ 2004 findet die Popkomm in Berlin statt: mit noch mehr Bands, Bühnen und Besuchern.

/20

Abb. 12: C-Test für den Förderunterricht. Kooperationsprojekt Sprachförderung, Universität zu Köln. Mercator Stiftung.

Ein C-Test liefert erst dann sinnvolle Ergebnisse, wenn die Lese- und Schreibkompetenzen gefestigt sind. Pro Teilstück haben die Schüler:innen fünf Minuten Zeit. Nach Ablauf der Zeit müssen die Jugendlichen mit dem nächsten Abschnitt beginnen, auch wenn sie mit dem ersten Abschnitt nicht ganz fertig sind. Die Zeiteinschränkung beruht auf Erfahrungswerten. Die Gesamtprüfungsdauer beträgt somit 20 Minuten bei vier oder 25 Minuten bei fünf Testteilen. Innerhalb eines überschaubaren Zeitraums kann eine ganze Schulklasse getestet werden, da die Schüler:innen den Text gleichzeitig ausfüllen.

Um die Ergebnisse des Tests nutzbar machen zu können, „werden die rezeptive Leseleistung und die produktiven orthografischen und morphosyntaktischen Fähigkeiten bei der Testauswertung getrennt erfasst, aber in ihrer Relation zueinander interpretiert" (Baur, Spettmann 2009).

Bei der Auswertung werden je Schüler:in zwei Werte ermittelt. Der Richtig-/Falsch-Wert (R/F-Wert) und der Worterkennungswert (WE-Wert).

Der R/F-Wert gibt Auskunft über semantische, orthografische und grammatikalische Kenntnisse des Schülers/der Schülerin. Die Auswertung des WE-Werts dient dazu, die Ergebnisse aus dem R/F-Wert differenzierter betrachten zu können. Dieser wird aus der Menge der semantisch korrekt ergänzten Wörter eruiert und gibt Auskunft über die rezeptive sprachliche Kompetenz (vgl. ebd.).

Beim C-Test aus dem *Praxismaterial Förderdiagnostik* handelt es sich um fünf kurze Texte zu unterschiedlichen Themen. Pro Text sind 20 Tilgungen vorgenommen, die von den Schüler:innen ausgefüllt werden sollen. Die Durchführung dieses Tests dauert etwa 40 Minuten. Die Auswertung beansprucht pro Test 90 Minuten. Jeuk und Dürrstein empfehlen den C-Test als Screening. Sofern durch den C-Test ein Förderbedarf des Schülers/der Schülerin festgestellt wird, ist es empfehlenswert, mit weiteren Sprachstandsdiagnoseverfahren den genauen Förderbedarf zu ermitteln. Im Seminar werden zunächst die Durchführungsmodalitäten besprochen. Mögliche Besprechungspunkte können sein:

- Welche Informationen muss ich und welche Informationen darf ich den Schüler:innen geben?
- Sind Hilfestellungen während der Durchführung des Tests erlaubt?
- Wie kann ich Schüler:innen mit dem Testformat vertraut machen?

Da die Durchführung des C-Tests relativ einfach und die Auswertung etwas komplex ist, wird der Schwerpunkt im Kurs auf die Auswertung des Tests gelegt. Für den Fall, dass keine Klasse zur Verfügung steht, können dazu die ausgefüllten C-Tests auf der Microsite verwendet werden.

Zur Auswertung des C-Tests benötigen die Studierenden folgende Informationen:

- Der Richtig/Falsch-Wert (R/F-Wert) dient dazu, die allgemeine Sprachkompetenz einzuschätzen. Wird eine Lücke nicht ausgefüllt oder das gesuchte Wort orthographisch falsch geschrieben, so wird dies als falsch gewertet. Als richtig wird gewertet, wenn ein passendes Wort richtig geschrieben vorliegt. Alle richtigen Eintragungen werden zusammengezählt und zum R/F-Wert aufaddiert.
- Bei welchem R/F-Wert ein Förderbedarf vorliegt, zeigen die entsprechenden Tabellen in Junk-Deppenmeier, Jeuk (2015).
- Daneben wird der Worterkennungswert ermittelt. Dieser gibt Auskunft über die semantisch (inhaltlich) richtig ergänzten Wörter. Der Differenzwert aus R/F-Wert und WE-Wert gibt schließlich das Verhältnis der produktiven und rezeptiven sprachlichen Kompetenzen wieder.

Im Kurs werden zunächst die oben ausgeführten Grundlagen der Auswertung mit den Studierenden besprochen. Dann erhalten die Studierenden ein bis zwei ausgefüllte C-Tests zur Auswertung. Insbesondere wird darauf geachtet, dass jeder Test von mindestens zwei Studierenden unabhängig voneinander bearbeitet wird. Folgende Aufgabenstellung wird gegeben, wobei im Vorfeld abzuklären ist, ob der komplette Test ausgewertet werden soll, oder nur einzelne Teile.

Aufgabenstellung C-Test

- Ermitteln Sie den R/F-Wert.
- Ermitteln Sie den WE-Wert.
- Vergleichen Sie Ihre errechnete Punktezahl mit der Punktezahl Ihres Kommilitonen/Ihrer Kommilitonin, der/die denselben Test ausgewertet hat.
- Interpretieren Sie die Ergebnisse.

Beim Vergleich der Werte fällt auf, dass einige Studierende zum Teil zu unterschiedlichen Ergebnissen bei identischen C-Tests gelangen. Hier schließt sich eine Diskussion an, in der die Gründe dafür diskutiert und analysiert werden. Ziel ist eine kritische Reflexion der Ergebnisse und die Entwicklung eines Gespürs für mögliche Schwierigkeiten und Hürden in der Auswertung. Wichtig ist jedoch, auch gemeinsam zu überlegen, wie diese Hürden genommen werden können. Um dieses Ziel zu erreichen, reicht es erfahrungsgemäß aus, die Studierenden ein bis zwei Textteile auswerten zu lassen. Wird eine vertiefte Auseinandersetzung mit den C-Tests angestrebt, so können weitere Teile des Tests den Studierenden als Hausaufgabe gegeben werden.

» **Hörverstehen**

Im Kontext Deutsch als Zweitsprache ist das Hörverstehen eine Basiskompetenz und Voraussetzung für das Sprechen und die Aussprache, das lautliche Durchgliedern sowie die akustische Analyse beim Schriftspracherwerb und das lautgetreue Schreiben (vgl. Budde, Schulte-Bunert 2009). Zwischen Hören und Hörverstehen besteht nach Haß (2010) insofern ein Unterschied, dass es beim Hören um die Wahrnehmung von Geräuschen, beim Hörverstehen um die Informationsentnahme aus der gesprochenen Sprache geht. Es liegen kaum empirische Studien zum Hörverstehen vor (ebd.). Es gehört wie das Leseverstehen zu den rezeptiven Fertigkeiten und kann somit nicht direkt gemessen werden. Dies ist nur über Formen der produktiven Fertigkeiten wie dem Sprechen oder Schreiben möglich (ebd.).

Die Anpassung an Struktur und Geschwindigkeit des Sprechers/der Sprecherin überfordert bisweilen Deutsch als Zweitsprache-Hörer:innen. Sprachliche und strategische Kompetenzen sind die Voraussetzung, um Hörverstehensaufgaben erfolgreich meistern zu können (ebd.). Im Detail beinhaltet dies die Kenntnis des Sprachsystems, also Wortschatz- und grammatische Kenntnisse, insbesondere syntaktisches Wissen zu Satzbau und -strukturen. Auch Wissen über Kontext und Text, wie Textsorte und Aufbau, sind erforderlich, um verstehend hören zu können (ebd).

Der Hörverstehenstest aus dem *Praxismaterial Förderdiagnostik* besteht aus einer Fabel mit 511 Wörtern. Sie erzählt von zwei Hasen, die sich streiten und nicht merken, dass sich daraus zunehmend negative Konsequenzen ergeben.

Der Test liefert dann aussagekräftige und verwertbare Ergebnisse, wenn die Schüler:innen den grundlegenden Wortschatz der deutschen Sprache beherrschen (Wenk, Jeuk 2015).

Im Seminar werden Text und Antwortbogen genauer betrachtet. Die Studierenden beschäftigen sich mit der Fabel und den dazugehörigen Aufgaben und machen sich Gedanken über mögliche Stolpersteine, wie etwa schwierige Wörter oder komplexe Satzstrukturen.

Aufgabenstellung zum Text im Seminar

Lesen Sie den Text „Hasen".

- Identifizieren Sie mögliche Stolpersteine im Text. Womit könnten die Schüler:innen Schwierigkeiten haben?
- Schätzen Sie die Anforderung des Antwortbogens für die Schüler:innen ein.

Bei diesem Hörverstehenstest handelt es sich um einen teilstandardisierten Test, welcher mit der ganzen Klasse durchgeführt werden kann. Die Testdauer ist mit 20 bis 25 Minuten veranschlagt. Der Antwortbogen kann einer qualitativen und einer quantitativen Auswertung unterzogen werden. Auf der quantitativen Ebene beschränkt sich die Auswertung auf ein reines Zählen der richtigen Antworten. Die Schüler:innen können zwölf Punkte erreichen. Die Anzahl der Punkte gibt Auskunft über einen möglichen Förderbedarf.

Die qualitative Auswertung basiert auf der Analyse der Verstehensebene sowie der sprachlichen Ebene und ist somit zeitaufwändiger. Die Antwort jeder einzelnen Aufgabe wird hinsichtlich der Punkte Wiedererkennen und Verstehen, analytisches Verstehen und Interpretieren sowie Reflektieren und Bewerten in den Blick genommen. Auf der sprachlichen Ebene werden Lexik, Grammatik, Syntax und Semantik genau untersucht.

Aufgabenstellung zum Hörverstehenstest in arbeitsteiligen Gruppen im Seminar

Bereiten Sie in Ihrer Gruppe zu einem der folgenden Themen einen kurzen Vortrag vor:

- Durchführung des Tests Hörverstehen
- Auswertung des Tests Hörverstehen
- Möglichkeiten der Förderung des Hörverstehens

Als Grundlage für die Gruppenarbeit dienen die Texte im *Praxismaterial Förderdiagnostik* von Seite 31 bis 49. Nach der Arbeitsphase tauschen die Studierenden ihre Arbeitsergebnisse mithilfe der Methode „Gruppenpuzzle"[12] aus.

» Mündliches Erzählen

Zu den zentralen Bildungszielen gehört es, grundlegende Sprachkompetenzen sowie Kompetenzen im Bereich Sprechen und Zuhören zu erwerben. Im bayerischen *LehrplanPLUS* (vgl. Bayerisches Staatsministerium für Unterricht und Kultus 2014 und 2017) umfassen die Bildungsstandards für die Fächer Deutsch und Deutsch als Zweitsprache unter anderem den Lernbereich Sprechen und Zuhören als einen von vier Bereichen. Dieser untergliedert sich für das Fach Deutsch weiter in *Verstehend zuhören, Zu und vor anderen sprechen, Mit anderen sprechen* und *Szenisch spielen*.

12 Bei dieser Methode wird in arbeitsteiligen Stammgruppen an einem Thema gearbeitet. Aus jeder Stammgruppe wechselt ein Mitglied in eine sogenannte Expertengruppe und gibt dort die erarbeiteten Informationen weiter (vgl. Scholz 2010).

Im Wesentlichen entsprechen diese Lernbereiche auch dem Fach Deutsch als Zweitsprache. Ergänzt werden hier noch *Laute, Silben und Wörter heraushören, Laute, Silben, Wörter und Sätze bilden und aussprechen* sowie *Gespräche führen*.
Um sprachlich heterogene Schüler:innen individuell fördern zu können, bedarf es einer Erfassung der sprachlichen Kompetenzen in der Zweitsprache (Junk-Deppenmeier, Jeuk 2015:11). Hierfür gibt es für den Vorschulbereich sowie für Schulanfänger:innen den standardisierten Sprachstandstest „Deutsch für den Schulstart“ (DfdS) von Klages, Kaltenbacher (2010b). Für die Sekundarstufe I entwickelten Reeb-Ramos, Jeuk (2015) das Werkzeug „Mündliches Erzählen“ im Rahmen des *Praxismaterials Förderdiagnostik*. Im Folgenden wird dieses Instrument/Werkzeug näher beschrieben, da es sich für die Arbeit mit den Studierenden im Kurs anbietet.
Das Verfahren besteht aus einer Bildergeschichte (Fuchs und Storch) und vier Auswertungsbögen mit unterschiedlichen Schwerpunkten. Bildergeschichten eignen sich im Gegensatz zu losen Bilderfolgen gut (Müller 2012), um Schüler:innen zum Sprechen anzuregen und der Testperson zahlreiche auswertbare Äußerungen zu entlocken.
Um die Schüleräußerungen später einer qualitativen Analyse der sprachlichen Kompetenzen unterziehen zu können, ist es notwendig, das Gespräch aufzuzeichnen. Dies erfordert die Genehmigung der Erziehungsberechtigten.
Dem Verfahren liegt keine Normierung zu Grunde, und es kann keine fundierte Aussage über einen etwaigen Förderbedarf leisten (vgl. Reeb-Ramos, Jeuk 2015). Eine strukturierte Beobachtung nach ausgewählten Kriterien lässt darauf schließen, in welchen sprachlichen Bereichen für den getesteten Schüler/die getestete Schülerin ein Förderangebot notwendig ist. Möchte man umfassende Fördermaßnahmen ableiten, so sollte das Ergebnis des Werkzeugs „Mündliches Erzählen“ in jedem Fall in Kombination mit anderen Ergebnissen, wie etwa dem C-Test, betrachtet werden (ebd.).
Beim Werkzeug „Mündliches Erzählen“ handelt es sich um ein reines Individualverfahren. Für die schulische Situation bedeutet dies, dass eine Lehrkraft nur einzelne ausgewählte Schüler:innen testen kann.
Im Seminar geht es zuerst darum, Besonderheiten beim Erzählen im Deutschen als Zweitsprache in den Blick zu nehmen. Im Wesentlichen lassen sich Parallelen beim Erlernen der Erzählkompetenz in der Erst- und Zweitsprache erkennen (vgl. ebd.). Bei Deutsch als Zweitsprache-Schüler:innen werden häufig Lücken im Wortschatz sowie die fehlerhafte Anwendung der Grammatik diagnostiziert. Guckelsberger und Reich (2008) weisen auf die dadurch entstehende Einschränkung der Erzählkompetenz in den Bereichen Vollständigkeit, Kohärenz und Hörerbezug hin. Erzählerische Kompetenzen allgemein setzen sich zusammen aus narrativen und sprachlichen Fähigkeiten.
Der erste Schritt im Seminar besteht darin, sich mit der Bildgeschichte und der Aufgabenstellung zum Werkzeug „Mündliches Erzählen“ vertraut zu machen. Zur Vorbereitung auf die praktische Durchführung mit einem Schüler/einer Schülerin werden folgende Arbeitsaufträge im Seminar mit den Studierenden besprochen:

Aufgabenstellung zur Bildgeschichte im Seminar

- Formulieren Sie einen Arbeitsauftrag an die Schüler:innen zur Durchführung des Werkzeugs „Mündliches Erzählen".
  a) Welche Informationen geben Sie den Schüler:innen?
  b) Wie formulieren Sie den Arbeitsauftrag konkret?
- Welche Hilfestellungen in Form von Nachfragen sind bei der Durchführung des Werkzeugs „Mündliches Erzählen" erlaubt?

Die Aufgaben werden in Einzelarbeit bearbeitet, da sich die Student:innen auf „ihren" Schüler/auf „ihre" Schülerin konzentrieren sollen. Gemeinsam werden die Aufgaben im Seminar im Plenum besprochen. Je nach Sprachniveau der Schüler:innen sind die Arbeitsaufträge komplexer bzw. weniger ausführlich zu formulieren. Die Studierenden machen sich zudem Gedanken darüber, ob die Bilder separat präsentiert werden, oder zu Beginn des Tests einmal die ganze Bildabfolge gezeigt werden soll, um den Schüler:innen die Möglichkeit zu geben, den roten Faden der „Wer zuletzt lacht, ..."-Geschichte erkennen zu können.

Für große Diskussionen unter den Studierenden sorgt in der Regel die Frage nach den Hilfestellungen. Wie viele und welche Hilfen sind erlaubt, um das Testergebnis nicht zu stark zu verfälschen. Darf man darauf hinweisen, dass das Tier ein Fuchs ist und der Vogel eigentlich Storch heißt? Antworten hierauf finden sich in der Durchführungsanleitung im *Praxismaterial Förderdiagnostik* auf Seite 97.

Das Material bietet vier Bögen zur Auswertung an:

- Mit Bogen A kann die Transkription des aufgenommenen Tests vorgenommen werden.
- Bogen B dient der Gesprächs- und Erzählanalyse und beinhaltet beispielsweise Auswertungskategorien wie den Umgang mit der Reihenfolge der Bilder, die Flüssigkeit beim Sprechen oder emotionale Markierungen auf sprachlicher und inhaltlicher Ebene.
- Bogen C beschäftigt sich mit der Syntax und der Morphologie und unterstützt Beobachtungen zur verwendeten Erzählzeit oder Formenbildung im Bereich der Verbal- und Nominalgruppe.
- Bogen D fokussiert den Wortschatz und semantische Strategien. Es geht unter anderem um selbstreflexive Fähigkeiten.

Die Beurteilung der Bereiche Gespräch und Erzählung, Grammatik sowie Wortschatz und semantische Strategien (Bögen B-D) bedarf einer intensiven Auseinandersetzung mit der Materie. In Form einer Hausaufgabe beschäftigen sich die Studierenden mit der Auswertung der Bögen.

Aufgabenstellung zu den Auswertungsbögen

Bereiten Sie in arbeitsteiligen Gruppen einen kurzen Vortrag vor
- Bogen B: Gespräch/Erzählung,
- Bogen C: Grammatik oder
- Bogen D: Wortschatz und semantische Strategien.

In der folgenden Seminarsitzung wird den Vorträgen und der Beantwortung möglicher Fragen ausreichend Zeit eingeräumt. Um das theoretische Wissen über die Auswertung in Anwendungswissen zu überführen, wird gemeinsam im Seminar eine Videovignette vom Werkzeug „Mündliches Erzählen“ ausgewertet.

Aufgabenstellung zur Auswertung eines Testgesprächs im Seminar

Werten Sie das Testgespräch zum „Mündlichen Erzählen“ mithilfe der Ihnen bekannten Beurteilungsbögen (B-D) aus.

Die Studierenden können frei wählen, ob sie lieber alleine oder im Team arbeiten. Nach der Arbeitsphase werden die Ergebnisse gemeinsam im Plenum besprochen und diskutiert.

– **Übung**

In diesen Praxisteil lässt sich die Zusammenarbeit mit einem Lehramtsanwärter:innenseminar gut integrieren. Im Folgenden wird eine Möglichkeit der Durchführung vorgestellt. Falls keine Kooperation mit der zweiten Phase der Lehrkräftebildung möglich ist, kann die Veranstaltung auch ohne Lehramtsanwärter:innen durchgeführt werden.
Schwerpunkt der Übungen im Baustein 4 ist die Durchführung und Auswertung des Diagnoseinstruments „Mündliches Erzählen“. Wahlweise kann hier auch das Werkzeug „Hörverstehen“ thematisiert werden.

Verknüpfung der Lehrkräftebildungsphasen

In dieser ersten Übungseinheit, gemeinsam mit einem Lehramtsanwärter:innenseminar, ist das gegenseitige Kennenlernen von Studierenden und Lehramtsanwärter:innen noch ohne die Schüler:innen der Deutschklasse eingeplant.
Die vierstündige Übung setzt sich aus drei Teilen zusammen:

- Kennenlernen von Studierenden und Lehramtsanwärter:innen
- Studierende teilen ihre Kenntnisse und Erfahrungen zu den Diagnoseinstrumenten mit den Lehramtsanwärter:innen, welche größtenteils keine Ausbildung in Deutsch als Zweitsprache besitzen.

- Die Studierenden und Lehramtsanwärter:innen bereiten gemeinsam das Diagnoseverfahren zum Mündlichen Erzählen vor, welches sie bei einem Besuch an der Schule gemeinsam durchführen.

Zum ersten Kennenlernen von Studierenden und Lehramtsanwärter:innen bietet sich das Spiel „*Speak-Dating*" bzw. „Kugellager" an (→ Baustein 1, Kennenlernspiele). Nach allgemeinen Themen können auch Fragestellungen wie „Haben Sie bereits in einer Deutschklasse Erfahrungen gesammelt?" oder „Kennen Sie bereits verschiedene Sprachstandsdiagnoseverfahren?" angebracht werden.
Nach dem Kennenlernen ist im zweiten Teil vorgesehen, dass die Studierenden kurze Referate zu verschiedenen Diagnoseverfahren halten und dabei auch über ihre ersten eigenen Erfahrungen im Umgang mit diesen berichten. Zu diesem Zeitpunkt haben die Studierenden bereits zwei bis drei Sprachbiographien von Schüler:innen erstellt, einen C-Test durchgeführt, korrigiert und ausgewertet sowie die Auswertung einer Erhebung zu sprachlichen Fähigkeiten anhand einer Videovignette geübt. Dadurch haben die Studierenden hier einen Erfahrungsvorsprung den Lehramtsanwärter:innen gegenüber, den sie nun teilen können.
Im dritten Teil setzen sich die Studierenden und Lehramtsanwärter:innen im Tandem zusammen, um den bevorstehenden Besuch in der Deutschklasse zu planen und vorzubereiten. Die angehenden Lehrer:innen beschäftigen sich gemeinsam intensiv mit dem Diagnosewerkzeug „Mündliches Erzählen" und überlegen sich eine Vorgehensweise zur Durchführung des Instruments (vgl. Junk-Deppenmeier, Jeuk 2015: 79). Fragestellungen wie etwa „In welchem Ausmaß darf ich den Schüler:innen helfen, um das Testergebnis nicht zu verfälschen?" oder „Welche Möglichkeiten gibt es, die Aufgabe zu erklären?" werden diskutiert. Die Arbeitszeit im Tandem kann auch dazu genutzt werden, sich über die Schüler:innen auszutauschen, welche sie in der darauffolgenden Übungseinheit testen werden. Die Studierenden präsentierten die Ergebnisse der Sprachbiographie und des C-Tests, äußern Beobachtungen und berichten Bemerkenswertes, Auffälligkeiten, usw. aus den ersten Treffen mit den Schüler:innen.

Verknüpfung der Lehrkräftebildungsphasen mit der Schule

Diese Übung findet in der Schule statt und besteht aus vier Teilen:

- Bekanntmachen der Lehramtsanwärter:innen mit den Schüler:innen durch die Studierenden.
- Studierende und Lehramtsanwärter:innen führen gemeinsam mit ein bis zwei Schüler:innen einer Deutschklasse oder einer sprachlich heterogenen Klasse das Werkzeug „Mündliches Erzählen" durch.
- Studierende und Lehramtsanwärter:innen werten den Sprachstandstest aus.
- Studierende und Lehramtsanwärter:innen planen gemeinsam ein passendes Fördermaterial für einen Schüler/eine Schülerin.

Die Studierenden, die zu diesem Zeitpunkt sowohl die Lehramtsanwärter:innen als auch die Schüler:innen kennen, leiten das Kennenlernspiel „Du, ich – wir alle" (→ Baustein 1, Kennenlernspiele) an.
Im Anschluss daran beginnt die Durchführung des Tests „Mündliches Erzählen". Es ist zu empfehlen, das Gespräch aufzunehmen, um so die Auswertung im Anschluss sorgfältig durchführen zu können. Hilfreich ist es in diesem Zusammenhang, dass jede Kleingruppe einen eigenen Raum zur Verfügung hat.
Im erprobten Fall standen neben dem Klassenzimmer vier weitere Räume zur Verfügung. Innerhalb von 90 Minuten können so ohne weiteres circa 15 Tests durchgeführt werden. Alle Tandems, die entweder noch nicht an der Reihe oder mit der Aufgabe schon fertig waren, haben die Möglichkeit, sich im Klassenzimmer entweder mit den Schüler:innen zu unterhalten, weitere Informationen für die Sprachbiographie zu sammeln oder Fördermaterialien in Form von Spielen auszuprobieren. Die Schüler:innen reagieren in der Regel positiv auf dieses Vorgehen, da ihnen viel Aufmerksamkeit geschenkt wird.
Die Auswertung des Tests „Mündliches Erzählen" findet ohne die Schüler:innen statt. Die Studierenden und Lehramtsanwärter:innen werten die geführten Gespräche mithilfe der Auswertungsbögen (s. o.) aus.
Danach haben die Studierenden die Möglichkeit, vom Erfahrungsschatz der Lehramtsanwärter:innen zu profitieren. Die Aufgabe lautet, die Ergebnisse der Sprachbiographie, des C-Tests und des Mündlichen Erzählens gemeinsam zu betrachten und einen Förderschwerpunkt des Schülers/der Schülerin zu definieren. Hierzu sollen die Studierenden im weiteren Verlauf des Seminars Fördermaterialien entwickeln. Gemeinsam werden Möglichkeiten überlegt und Ideen ausgetauscht. Die Lehramtsanwärter:innen können aufgrund ihrer Erfahrungen gut einschätzen, ob die Ideen realisierbar und passend sind. Im Optimalfall entscheiden sich Studierende und Lehramtsanwärter:innen weiterhin Kontakt zu halten und ggf. weiterhin die Entwicklung der Fördermaterialien zu begleiten. Das Vorgehen zur Entwicklung der Fördermaterialien wird in Baustein fünf näher beschrieben.

Möglichkeiten, wenn keine Kooperationsklasse zur Verfügung steht

- Steht keine Schulklasse zur Verfügung, so können die Studierenden mithilfe einer Videovignette oder einer Audioaufnahme des Werkzeugs „Mündliches Erzählen" die Auswertungsbögen bearbeiten. Es bietet sich an, anhand der Ergebnisse mit den Studierenden zu besprechen, welche Bereiche bei diesem Schüler/dieser Schülerin förderbedürftig wären. Es besteht auch die Möglichkeit, sich über entsprechende Fördermaterialien Gedanken zu machen.
- Die Studierenden suchen selbständig eine Klasse, wobei sie ggf. den Kontakt zu Praktikumsklassen nutzen.

Reflexion im Rahmen des vierten Bausteins

Eine Reflexion zu Baustein 4 gemeinsam mit den Studierenden und den Lehramtsanwärter:innen kann ähnlich gestaltet sein wie in Baustein 1 beschrieben.

Empfohlene Fachliteratur zu Baustein 4

- Junk-Deppenmeier, Alexandra & Jeuk, Stefan (2015): Praxismaterial Förderdiagnostik. Werkzeuge für den Sprachunterricht in der Sekundarstufe I. Stuttgart: Fillibach bei Klett.
  Diese Quelle eignet sich für Dozierende und (angehende) Lehrer:innen. Es werden verschiedene Sprachstandsdiagnoseverfahren, inklusive Materialien für die Durchführung, zur Verfügung gestellt.
- BISS – Bildung durch Sprache und Schrift: Empfohlene Tools zur Individualdiagnose Sprach-/Leseentwicklung unter: http://www.biss-sprachbildung.de/biss.html?seite=145 [Abruf 03.04.2019]
  Diese Quelle bietet einen Überblick über verschiedene Verfahren zur Sprach- und Leseentwicklung für die Primar- und Sekundarstufe.

Baustein 5: Entwicklung und Erprobung von Fördermaterialien

Kurzübersicht

Thema	Kompetenzen und Inhalte	Medien und Materialien
Einstieg in das Thema Fördermaterialien	Die Studierenden werden mit Kriterien zur Erstellung von Fördermaterialien vertraut.	Foliensatz Baustein 5 Förder-materialien
Schritte zur Erstellung von Fördermaterialien	▪ Die Studierenden entwickeln auf der Grundlage der Ergebnisse aus der Sprachstandsdiagnose Fördermaterialien für ein bis zwei Schüler:innen. ▪ Die Studierenden führen die Fördermaterialien mit den Schüler:innen durch. ▪ Die Studierenden reflektieren die selbst entwickelten Fördermaterialien. ▪ Die Studierenden überarbeiten die selbst entwickelten Fördermaterialien.	Foliensatz Baustein 5 Anschauungs-materialien Förderung

Inhalte und methodische Umsetzung

Der fünfte Baustein umfasst mit der Entwicklung von Fördermaterialien, der Erprobung der Fördermaterialien in der Praxis und der Reflexion der Fördermaterialien drei Schwerpunkte.

Bevor die Studierenden anhand der Ergebnisse der Diagnosetests geeignete Fördermaterialien entwickeln, sind die Grundlagen zu Fördermaterialien zu legen. Hierfür werden die Lerninhalte der Bausteine eins bis vier zusammengeführt und als Gesamtbild betrachtet. Daraus ergibt sich das Vorgehen für die Entwicklung von Fördermaterialien.

In einem theoretischen Teil werden die Bedingungen und Möglichkeiten für die Entwicklung von Sprachfördermaterialien im schulischen Kontext besprochen. Für diese Aufgabe werden der *LehrplanPLUS* und das darin enthaltene DaZ-Kompetenzstrukturmodell genauer in den Blick genommen.

Schüler:innen lernen nicht automatisch Deutsch, sondern verwenden ihre bereits erworbenen sprachlichen Ressourcen, um Deutsch als Zweitsprache zu lernen (vgl. Dirim, Müller 2007). Wie diese sprachlichen Ressourcen genutzt werden können, ist eine Überlegung im Prozess der Entwicklung von Fördermaterialien. Eine gute Grundlage für die Fördermaterialien ist in jedem Fall sich einen Überblick über

die Gemeinsamkeiten und Unterschiede der Erstsprache des Schülers oder der Schülerin im Vergleich zum Deutschen zu verschaffen (ebd.).
An einem der Kooperationstage mit einer Schule kann die Gelegenheit geschaffen werden, damit sich die Studierenden mit Deutsch-als-Zweitsprache-Materialien auseinandersetzen, einen Blick in Lehrwerke werfen oder Bildungsmedien konkret mit Schüler:innen ausprobieren können. Dieser Erfahrungsschatz sowie der Austausch mit den Lehramtsanwärter:innen helfen bei der eigenen Entwicklung von Unterrichtsmaterial.
Der Phase der Materialerstellung folgt die Erprobung in einer Schulklasse. Dies ist zu empfehlen, da erfahrungsgemäß die Motivation der Studierenden sehr hoch ist, wenn das von ihnen erstellte Material tatsächlich Anwendung in der Praxis findet. Ein letzter Schritt, die Reflexion der Anwendung des Materials in der Schulklasse, sollte keinesfalls vergessen werden.
Baustein 5 setzt sich zusammen aus Seminarsitzungen an der Universität sowie Übungseinheiten an einer Schule oder unter Hinzuziehen entsprechender Materialien zur praktischen Vertiefung.

– **Seminar**

Das Seminar beschäftigt sich zum einen mit dem ▶ **Einstieg in das Thema Fördermaterialien**, und zum anderen mit den einzelnen ▶ **Schritten zur Erstellung von Fördermaterialien**.

Einstieg in das Thema Fördermaterialien

Zum Einstieg bieten sich folgende Fragestellungen zu Fördermaterialien an.

Aufgabenstellungen

- Welche wichtigen Kriterien sind bei der Erstellung von Sprachfördermaterialien zu beachten?
- Welche Arten von Fördermaterial kennen Sie?

Die Ergebnisse werden zusammengetragen, geclustert und besprochen. Eine mögliche Liste an Kriterien für die Erstellung von Fördermaterialien, die gemeinsam mit den Studierenden entwickelt werden kann, könnte folgendermaßen aussehen:

- Niveau der Schüler:innen
- keine Unter- oder Überforderung der Schüler:innen!
- individuelle Stärken der Schüler:innen
- Alter der Schüler:innen
- Geschlecht der Schüler:innen
- Interessen der Schüler:innen

- Sprache des Herkunftslands (Besonderheiten)
- Bereiche Hören, Sprechen, Lesen und Schreiben nicht isoliert voneinander betrachten

Schritte zur Erstellung von Fördermaterialien

Im Anschluss daran wird im Plenum das Vorgehen (in Anlehnung an Junk-Deppenmeier, Jeuk 2015:159) vorgestellt:

Schritt 1: Erfassung des Ist-Zustands
Schritt 2: Förderziele formulieren
Schritt 3: konkrete Förderschwerpunkte bestimmen
Schritt 4: Fördermaterialien suchen bzw. erstellen
Schritt 5: Anwendung der Fördermaterialien
Schritt 6: Evaluation der Förderung

Im Seminar wird mit der Erfassung des Ist-Zustandes begonnen. Grundlage hierfür sind die Sprachstandsbeobachtungen, welche die Studierenden im Lauf des Seminars erhoben haben (→ Baustein 1, Erhebung der Sprachbiographie und Baustein 4, Sprachstandsdiagnostik). Je genauer und exakter diese sind, desto ausgefeilter kann ein Förderplan erstellt werden. Eine Vorlage hierfür findet sich im *Praxismaterial Förderdiagnostik* (Junk-Deppenmeier, Jeuk 2015: 160f). Die Studierenden tragen die Ergebnisse der durchgeführten Sprachstandsdiagnoseverfahren in den Förderplan ein und erhalten auf diese Weise eine Übersicht über die Leistung ihres zu beobachtenden Schülers/ihrer zu beobachtenden Schülerin (Schritt 1).
Bei der Formulierung von Förderzielen (Schritt 2) benötigen die Studierenden Unterstützung. Diese können zum einen die Lehramtsanwärter:innen (→ Baustein 4, Praxisteil), die Dozent:innen oder der *LehrplanPLUS* geben. Die Studierenden tendieren erfahrungsgemäß dazu, sehr umfangreiche Förderziele auszuarbeiten. Besonders Gespräche mit Lehramtsanwärter:innen, welche nahezu in einer eins zu eins Beratungssituation stattfinden, unterstützen die Formulierung realistischer Förderziele. Da im Rahmen des Seminars aus zeitlichen Gründen nur ein Förderschwerpunkt bearbeitet werden kann, ist die nächste Aufgabe der Studierenden, einen Förderschwerpunkt festzulegen (Schritt 3). An dieser Stelle wird auf das Kompetenzstrukturmodell für Deutsch als Zweitsprache aus dem *LehrplanPLUS* zurückgegriffen. Das Modell gibt erstens einen Überblick über die für die Schüler:innen zu erwerbenden Kompetenzen und ermöglicht den Studierenden zweitens die Auswahl und Verortung der Kompetenz, welche sie bei ihrem Schüler/ihrer Schülerin fördern wollen. Wichtig ist in diesem Zusammenhang der Austausch darüber im Seminar. Die Auseinandersetzung mit den verschiedenen Förderschwerpunkten sowie die Verknüpfung mit dem Modell hilft den Studierenden einen fundierten Ausgangspunkt für die Entwicklung ihrer Materialien zu haben.

Deutsch als Zweitsprache

Hören, Sprechen und Zuhören
- Laute, Silben und Wörter heraushören
- verstehend zuhören
- Laute, Silben, Wörter und Sätze bilden und aussprechen
- zu anderen sprechen
- Gespräche führen
- szenisch spielen

Lesen – mit Texten umgehen
- über Lesefertigkeiten verfügen
- über Lesefähigkeiten verfügen
- Textsorten verstehen und nutzen

Schreiben
- über Schreibfertigkeiten verfügen
- Texte planen und schreiben
- Texte überarbeiten und veröffentlichen

Methoden, Arbeitstechniken und Umgang mit Medien
werden mit den Inhalten der Kompetenzbereiche erworben

Sprache entwickeln und Sprachgebrauch untersuchen
- Wortschatz erarbeiten und situationsgemäß verwenden
- Sprachstrukturen entwickeln und Sprachgebrauch reflektieren
- richtig schreiben und Rechtschreibstrategien anwenden

DaZ

Abb. 13: Kompetenzstrukturmodell Deutsch als Zweitsprache (*LehrplanPLUS* Bayern)

Gemeinsam wird überlegt, wo man Fördermaterialien bzw. Vorlagen für Fördermaterialien finden kann und wo man sich Anregungen holen kann.
An dieser Stelle bietet es sich an, den Studierenden verschiedene Fördermaterialien zur Erkundung bereitzustellen. Findet eine Zusammenarbeit mit einer Schule bzw. Schulklasse statt, so kann die Klassenleitung eventuell einige Fördermaterialien ausleihen. Sofern Fördermaterialien zur Verfügung stehen, ist folgendes methodisches Vorgehen möglich: Zwei bis drei Studierende wählen ein Fördermaterial aus und beschäftigen sich ausführlich damit, so dass sie folgende Fragen beantworten können:

Aufgabenstellung zu den Fördermaterialien

- Was ist das Ziel des Fördermaterials?
- Wie wird damit gearbeitet? Kann der Schüler/die Schülerin alleine damit arbeiten?
- Wo sehen Sie Vor- und wo Nachteile des Fördermaterials?

Sollte im Rahmen der Übung eine Schulklasse zur Verfügung stehen, so können die Studierenden mit den Schüler:innen die Materialien gemeinsam ausprobieren.
Nach der Arbeitsphase in den Kleingruppen stellt jede Gruppe den anderen Studierenden das jeweilige Fördermaterial vor (unter Beachtung der gestellten Fragen).
Optional kann am Ende eine Runde stattfinden, bei der jeder Studierende darlegt, welche der gemachten Erfahrungen er/sie bei der Entwicklung der eigenen Förder-

materialien mitnehmen und beachten wird. Dieser praktischen Einheit folgt der Versuch, einen strukturierten Überblick über Fördermaterialien zu erhalten.

Aufgabenstellung zu den Fördermaterialien

Welche Arten von Fördermaterialien kennen Sie?

Gemeinsam werden Arten von Fördermaterialien gesammelt (beispielsweise):

- Karteikartenboxen (Vokabeln, Satzstrukturen, ...)
- Silbenkarten (Silben hören und lesen)
- Memory (Bild – Wort)
- Hörspiel: Selbst aufnehmen – Fragenkatalog
- Themenbereich: Bilder, Wörter, Dialoge
- Gesprächsanlässe (z.B. Essen)
- Lückentexte mit Anhören
- Filme anschauen und besprechen
- Hören, Informationen Personen zuordnen
- Apps

– **Übung**

Die folgende Aufgabenstellung zur Suche und Erstellung von Fördermaterialien (Schritt 4) kann entweder ganz oder teilweise in Heimarbeit erfolgen.

Aufgabenstellung

Erstellen Sie anhand der Diagnoseergebnisse Fördermaterialien für Ihren Schüler/Ihre Schülerin.

In jedem Fall bietet es sich an, gemeinsam die Ideen für die Fördermaterialien sowie die konkrete Umsetzung zu diskutieren. Zum einen kann dadurch der Austausch gefördert werden und somit jede/r auch von den Ideen der anderen profitieren, zum anderen lässt sich dadurch verhindern, dass viel Arbeit in unpassende Fördermaterialien gesteckt wird.
Sofern mit einer Klasse und damit einhergehend einer konkret zu fördernden Schülerin/einem konkret zu fördernden Schüler kooperiert wird, werden die erstellten Fördermaterialien schließlich auch mit den Schüler:innen erprobt (Schritt 5). Im Anschluss daran werden die Fördermaterialien mit den Studierenden reflektiert (Schritt 6):

- Konnte die Schülerin/der Schüler mit den Materialien umgehen?
- War die Schülerin/der Schüler bis zum Ende motiviert? Was ist ein möglicher Grund dafür?

- Waren die Materialien zu schwierig/zu leicht gestaltet?
- Hat der Schüler/die Schülerin durch die Fördermaterialien etwas gelernt? Was genau? (Als Möglichkeit den Lernfortschritt zu überprüfen, bietet sich die erneute Durchführung des Diagnoseinstruments an.)
- Was hat sich als besonders gut herausgestellt, was ist noch nicht so gut gelungen?

Die Ergebnisse der Reflexion und mögliche Veränderungsvorschläge des Materials werden in der Hausarbeit festgehalten. Beispiele für die von den Studierenden entwickelten Fördermaterialien finden sich auf der Microsite in den Zusatzmaterialien zu diesem Baustein.

Möglichkeiten, wenn keine Kooperationsklasse zur Verfügung steht

Falls keine Partnerklasse zur Verfügung steht, kann auf Unterrichtsvideographien aus dem Videokorpus „sprachliche Heterogenität an der Schule" (ViKo_spracHe) zurückgegriffen werden.[13]

Im ViKo_spracHe stehen Unterrichtsvideographien inklusive Zusatzmaterialien zur Verfügung, die es möglich machen, eine Schülerin/einen Schüler über eine Unterrichtsstunde hinweg zu beobachten und eine vorsichtige Einschätzung des Sprachstandes vorzunehmen. Die Studierenden können auf der Basis der Beobachtung Fördermaterialien erstellen und geben sich dann Rückmeldung zu folgenden Fragen:

- Passt das Fördermaterial zum Diagnoseergebnis?
- Wirkt das Fördermaterial motivierend?
- Welcher Bereich wird gefördert und handelt es sich dabei auch um den Bereich, der gefördert werden sollte?
- Ist die Durchführung machbar? Kann der Schüler/die Schülerin alleine arbeiten, arbeiten mehrere Schüler:innen zusammen oder wird die Unterstützung der Lehrkraft benötigt?
- Was sind die Stärken des Fördermaterials? Was sind die Schwächen des Fördermaterials?

Empfohlene Fachliteratur zu Baustein 5

- Leisen, Josef (2013): Handbuch Sprachförderung im Fach – Sprachsensibler Fachunterricht in der Praxis. Stuttgart: Klett.
  Diese Quelle gibt einen Überblick hinsichtlich der Eigenschaften von integrativen, sprachsensiblen Lehr- und Lernmaterialien.
- Jeuk, Stefan (2010): Deutsch als Zweitsprache in der Schule. Grundlagen – Diagnose – Förderung. Stuttgart: Kohlhammer.
  Diese Quelle eignet sich zur vertieften Auseinandersetzung mit den Methoden zur Sprachförderung und des Sprachunterrichts.

13 Weitere Informationen, u.a zum Zugang zum ViKo_spracHe, finden sich auf folgender Webseite: https://www.uni-augsburg.de/de/fakultaet/philhist/professuren/germanistik/deutsch-als-zweit-fremdsprache-und-seine-didaktik/forschung/laufende-projekte/lehet_d/das-viko_sprache/

Baustein 6: Gestaltung und Durchführung sprachsensiblen Unterrichts

Kurzübersicht

Thema	Kompetenzen und Inhalte	Medien und Materialien
Qualität von sprachsensiblem Unterricht	▪ Die Studierenden kennen Merkmale eines guten sprachsensiblen Unterrichts.	Foliensatz Baustein 6 Text Gogolin (2020)
Unterrichtsmitschau	▪ Die Studierenden beobachten und reflektieren eine sprachsensible Unterrichtsstunde (live oder via Video).	Artikulationsschema einer Unterrichtsstunde Videoaufnahme einer Unterrichtsstunde
Planung einer sprachsensiblen Unterrichtsstunde (Übung)	▪ Die Studierenden entwickeln selbst eine Unterrichtsstunde im Rahmen des sprachsensiblen Unterrichts.	Text Verboom (2010)
Konkrete Vorbereitung der Unterrichtsstunde (Übung)	▪ Die Studierenden bereiten eigenständig eine Unterrichtsstunde im Rahmen des sprachsensiblen Unterrichts vor.	Schulbücher
Durchführung der Unterrichtsvorführung (Übung)	▪ Die Studierenden führen gemeinsam eine sprachsensible Unterrichtsstunde durch. ▪ Die Studierenden reflektieren die sprachsensible Unterrichtsstunde.	Foliensatz Baustein 6

Inhalte und methodische Umsetzung

Die Planung, Durchführung und Reflexion einer sprachsensiblen Unterrichtsstunde ist der Kern von Baustein 6 und bietet Kooperationsmöglichkeiten zwischen dem Universitätsseminar, dem Lehramtsanwärter:innen-Seminar sowie einer Schulklasse.

In einem ersten Schritt werden die Merkmale eines guten sprachsensiblen Unterrichts besprochen. Zur Vertiefung des Themas wird eine Unterrichtsstunde anhand der Qualitätsmerkmale analysiert.

Im Anschluss daran folgt für die Studierenden die Erarbeitung einer eigenen Unterrichtsstunde in Kleingruppen. Mithilfe der Beobachtungen aus der Sprachbiographie und den Ergebnissen verschiedener Sprachstandsdiagnosetests (→ Baustein 4) planen die Studierenden sprachsensiblen Unterricht. Dies erfolgt schrittweise und

in Gruppen. Die Studierenden haben jederzeit die Möglichkeit, sich gemeinsam zu beratschlagen, Ideen auszutauschen und zu konkretisieren sowie die Stunde immer wieder mit „ihrem“ beobachteten Schüler/„ihrer“ beobachteten Schülerin in Verbindung zu bringen. Schließlich entwickelt sich die Planung der Stunde dahingehend, dass jeder Studierende für eine Phase des Unterrichts zuständig ist und die dafür notwendigen Arbeitsmaterialien entwirft. Etwaigen Unsicherheiten und Stolpersteinen wird durch eine „Generalprobe“ im Seminar an der Universität entgegengewirkt. Dies empfinden die Studierenden in der Regel als sehr gewinnbringend, denn so kommen Schwachstellen in der geplanten Unterrichtsstunde schnell zum Vorschein. Der Stundenplanung schließt sich deren Durchführung in der Schule an.
Durch die gemeinsame vorangegangene Planung und den steten Austausch kennt jeder die gesamte Stunde, sodass die Stunde in der Regel reibungslos durchgeführt werden kann. Durch die Übernahme einer Unterrichtsphase ist die Belastung für die Studierenden nicht so hoch und jede/r kann eigene Unterrichtserfahrungen sammeln. Der ständige Wechsel der Lehrperson innerhalb einer Stunde stellte sich als nicht störend für die Schüler:innen heraus. Schließlich wird die Stunde nach einem bestimmten Schema (→ Tab. 4) gemeinsam reflektiert.
Baustein 6 setzt sich aus Seminarsitzungen an der Universität sowie Übungseinheiten an Schulen zusammen. Sollte keine Schule zur Verfügung stehen, so können entsprechende Materialien zur praktischen Vertiefung hinzugezogen werden.

– Seminar

Das Seminar gliedert sich in die Untereinheiten ▸ **Qualität von sprachsensiblem Unterricht** sowie ▸ **Unterrichtsmitschau**.

Qualität von sprachsensiblem Unterricht

Da Unterricht in sprachlich heterogenen Klassen zum Unterrichtsalltag von Lehrkräften gehört, ist es wichtig, erfolgreiche Handlungsstrategien im Umgang mit sprachlicher Heterogenität zu entwickeln (vgl. Gogolin 2011).
Im Seminar wird der Einstieg in die Thematik im Rahmen eines kurzen Dozent:innenvortrags vorgenommen.
Das didaktische Dreieck der Sprachförderung nach Leisen (→ Abb. 7) wird ebenfalls eingeführt und mit den Studierenden besprochen. Ziel ist dabei die Sensibilisierung für den Zusammenhang der Bereiche Sprachlernen, Fachlernen und Fremdsprachenlernen. Von besonderer Bedeutung ist hier, dass sich der Spracherwerb im Unterricht nicht isoliert betrachten lässt. Verschiedene Faktoren, die beim Sprachlernen eine Rolle spielen, bedingen und beeinflussen sich gegenseitig. Sprache wird angewandt, erworben und zugleich weiterentwickelt.
Die Studierenden erhalten dazu den Text „Sprachförderung professionell gestalten – Das didaktische Dreieck der Sprachförderung“ (Leisen 2013:11) und eine Aufgabe.

Aufgabenstellung zum didaktischen Dreieck

Erklären Sie mit Hilfe des Textes das didaktische Dreieck von Josef Leisen.

Es wird in den Schritten *„Think-Pair-Share"* vorgegangen. Zunächst liest jeder für sich, dann werden die Informationen mit einem Partner/einer Partnerin besprochen und schließlich im Plenum ausgetauscht.
Um konkrete Anhaltspunkte für die Arbeit im sprachsensiblen Fachunterricht zu erhalten, werden zwei Systematiken herangezogen:

- Durchgängige Sprachbildung: Qualitätsmerkmale für den Unterricht (Gogolin et al. 2020; → Kapitel 3)
- Stolpersteine: „Mit der Sprache muss man rechnen – mit den Wörtern auch." Eine Handreichung, die typische Stolpersteine – speziell bei Textaufgaben im Mathematikunterricht – deutlich macht und Strategien zu ihrer Vermeidung vorstellt (Dörsam, Portner 2013)

Für die Erarbeitung der Qualitätsmerkmale im Seminar bietet sich eine Gruppenarbeit an. Dazu werden die Texte aus den FörMig-AG-Materialien zu den Qualitätsmerkmalen an jeweils eine Gruppe ausgegeben. Die Aufgabenstellung an die Gruppe lautet folgendermaßen:

Aufgabenstellungen

Besprechen Sie in Ihrer Gruppe das Ihnen zugeordnete Qualitätsmerkmal. Fassen Sie die wesentlichen Aspekte zu

- Merkmalen,
- Konkretisierungen,
- Beispielen und
- Hinweisen

zusammen, so dass Sie im Anschluss der gesamten Seminargruppe Ihr Qualitätsmerkmal mit Beispielen vorstellen können.
Gestalten Sie ein Plakat dazu.

Nach der Gruppenarbeit werden die Plakate von den Gruppen vorgestellt und von den Studierenden und Dozent:innen mit konkreten Beispielen aus den gemeinsam erlebten Unterrichtstagen ergänzt. Die Poster werden fotografiert und allen über eine Lernplattform zur Verfügung gestellt. Zur vertieften Auseinandersetzung mit den Qualitätsmerkmalen werden diese in einer (videografierten) Unterrichtsmitschau[14] beobachtet und bei der späteren Unterrichtsplanung ganz konkret mit in die Vorbereitung einbezogen.
Im Folgenden wird die konkrete Planung einer Unterrichtsstunde aus dem Fach Mathematik näher vorgestellt.

---

14 https://www.unterrichtsvideos.net/metaportal/

Der Einstieg in die Thematik „Stolpersteine“ (Dörsam, Portner 2013) erfolgt über eine Folie mit folgendem Zitat:

> „… Textaufgaben in Mathematik sind für die Schülerinnen und Schüler ‚verdichtete‘ Sprache. Können sie sich im Deutschunterricht durch die hohe Redundanz der Texte die Inhalte in der Regel noch erschließen, kommt es bei Textaufgaben häufig auf jedes Wort an. ‚Lesefehler‘, wie sie sowohl bei Schülerinnen und Schülern mit Migrationshintergrund, als auch mit Deutsch als Erstsprache häufig vorkommen, wirken sich deshalb fatal aus.“ (Dörsam, Portner 2013)

Um den Studierenden dies zu verdeutlichen, erhalten sie folgende Aufgabe:

Aufgabenstellung Stolpersteine

Übersetzen Sie eine Textaufgabe Ihrer Wahl aus einem Mathematikbuch in eine Fremdsprache.

Die Stolpersteine werden mit einem "Gruppenpuzzle" (vgl. zu dieser Methode: Scholz, 2010) erarbeitet. In den Stammgruppen setzen sich die Studierenden mit folgenden Themenfeldern auseinander:

- jedes Wort muss verstanden werden
- Verdichtungen
- Wörter, die Mathematikaufgaben verkomplizieren

In den Expertengruppen werden Informationen zu den einzelnen Themen ausgetauscht und bei Bedarf von den Dozent:innen ergänzt.

Unterrichtsmitschau

Im ersten Übungsteil geht es für die Studierenden darum, die in der Theorie thematisierten Qualitätsmerkmale und Stolpersteine in realen oder digitalen Unterrichtssituationen zu identifizieren. An dieser Stelle ist die Zusammenarbeit mit einem Lehramtsanwärter:innenseminar denkbar. Eine Beobachtung von einer Stunde durch eine ausgebildete Lehrkraft ist ebenfalls möglich. Die Studierenden beobachten die Stundenvorführung eines (angehenden) Lehrers/einer (angehenden) Lehrerin nach den Qualitätsmerkmalen von Gogolin (s. o.) und reflektieren die Unterrichtsstunde.
Nach der Unterrichtsvorführung ist es sowohl im Lehramtsanwärter:innenseminar als auch im Universitätsseminar üblich, die Stunde nach bestimmten Kriterien zu besprechen. In Anlehnung an Lange (2007) wird bei der Nachbesprechung in vier Phasen vorgegangen: Stellungnahme zum Unterricht (1), Schwerpunkte setzen (2), Gespräch über Schwerpunkte (3) und Auswertung (4). Diesen vier Schritten vorangeschaltet ist eine Gruppenarbeit, in der die Teilnehmer:innen sich über Positives und Verbesserungswürdiges in Form von Tipps und grundsätzlichen Fragen zur Unterrichtsstunde austauschen, die mithilfe der Unterrichtsmitschau nicht beantwortbar sind.

Dies wird auf Papier festgehalten, sodass in der Besprechung eine Matrix entsteht. Auf der x-Achse stehen dabei die Phasen der Unterrichtsstunde, auf der y-Achse die Besprechungspunkte der Gruppenarbeit (→ Tab. 4).

Tab. 4: Matrix zur Stundenbesprechung

	Positives	**Tipps**	**Fragen**
Einstieg			
Hinführung zur Zielangabe			
Zielangabe			
...			

In diesem Fall ergibt sich erneut eine Situation, von der beide Gruppen profitieren können. Das Lehramtsanwärter:innenseminar zeigt dem Universitätsseminar, wie eine Stunde strukturiert besprochen werden kann und worauf es ankommt, wie zum Beispiel Lehrerpersönlichkeit, Übergänge zwischen den Phasen, Lernzielerreichung, Schüler:innenaktivität, etc. Das Universitätsseminar kann sich dahingehend einbringen, dass die Studierenden Anregungen für eine sprachsensible Unterrichtsumsetzung geben können.

> **Möglichkeiten, wenn keine Kooperationsklasse oder kein Lehramtsanwärter:innen-seminar zur Verfügung steht**
> Besteht kein Kontakt zu einer Schule oder einem Lehramtsanwärter:innenseminar, so kann auf eine Videoaufnahme einer Unterrichtsstunde zurückgegriffen werden.

– Übung

Die Übung beschäftigt sich mit der Planung einer sprachsensiblen Unterrichtsstunde sowie der konkreten Vorbereitung dieser. Schließlich wird die Durchführung der Unterrichtsvorführung in der Schule beschrieben.

Planung einer sprachsensiblen Unterrichtsstunde

Bei der Planung einer sprachsensiblen Unterrichtsstunde gibt es verschiedene Möglichkeiten, wie dies im Seminar realisiert werden kann. Abhängig von der Gruppengröße des Seminars werden ein bis drei Unterrichtsstunden geplant. Pro Gruppe arbeiten zwischen sechs und acht Studierende zusammen. Im Folgenden wird exemplarisch die Planung einer Stunde genauer dargestellt. Das vorgestellte Format kann auf andere Fächer und Jahrgangsstufen übertragen werden.
Zuerst entscheiden sich die Studierenden gemeinsam für ein Unterrichtsfach, für das sie eine Stunde entwerfen wollen. Im exemplarischen Fall fiel die Wahl auf das

Fach Mathematik in der 5. Jahrgangsstufe. Fest steht nach kurzer Diskussion ebenso, dass eine Fermi-Aufgabe geplant werden soll. Wechselseitig beschäftigen sich die Studierenden mit dem Fachlehrplan Mathematik des *LehrplanPLUS* der Jahrgangsstufe 5 und verschiedenen Fermi-Aufgaben. Für ein erstes Brainstorming kann die Fermi-Box (Büchter et al. 2007) verwendet werden. Diese bietet verschiedene Vorschläge zu Fermi-Aufgaben. Die Studierenden vergleichen, welche Aufgaben zu den Kompetenzerwartungen und Inhalten des *LehrplanPLUS* im Fach Mathematik der 5. Jahrgangsstufe passen. Verschiedene Aufgaben werden durchgerechnet, um das Anforderungsniveau besser einschätzen zu können. Schließlich entscheiden sich die Studierenden für die Aufgabe „Wie viel wiegen alle Personen dieser Schule zusammen?“. Die Kompetenzerwartung und der Inhalt hierzu aus dem *LehrplanPLUS* lauten:

> „Die Schülerinnen und Schüler schätzen Größen aus dem Alltag begründet mithilfe von Vorstellungen über Bezugsgrößen ab, um realistische Größenangaben zu machen.“

Bevor die Stunde geplant wird, führen die Dozent:innen ein mögliches Artikulationsschema (in Anlehnung an Glaser, o.J.) für eine Mathematikstunde ein. Dieses beinhaltet die Phasen:

- Kopfrechenphase
- Hinführung zur Zielangabe
- Zielangabe
- Schätzungen
- Überleitung zur Problemlösung (Strategie)
- Problemlösung (Rechnung)
- Auswertung der Lösungsversuche (Präsentation)
- Rückbezug auf Schätzungen
- Lebensweltbezug

Im Plenum werden die einzelnen Phasen inhaltlich geklärt.

Konkrete Vorbereitung der Unterrichtsstunde

Die erste Übungseinheit beginnt mit einem Brainstorming zu den einzelnen Phasen. Die Studierenden schöpfen hier aus ihren Erfahrungen aus Praktika, Unterrichtsmitschauen oder der Arbeit mit Videovignetten.

Zuerst wird die ausgewählte Aufgabe durchgerechnet, um etwaige Stolpersteine, sowohl fachliche als auch sprachliche, zu identifizieren. Zu jeder Phase werden Ideen gesammelt und überlegt, welche Inhalte keinesfalls fehlen dürfen. Gemeinsam werden die Vorschläge diskutiert und auf Praktikabilität überprüft. Am Ende dieser Einheit im Seminar steht die Grobplanung der Unterrichtsstunde.

Für die Feinplanung wird der folgende Arbeitsauftrag gestellt, der im Seminar oder auch als Hausaufgabe erledigt werden kann:

Aufgabenstellungen

- Entwickeln Sie die Phase der Unterrichtsstunde, für die Sie sich entschieden haben, weiter und stellen Sie diese fertig.
- Entwerfen Sie alle Arbeitsmaterialien dazu.
- Notieren Sie sich den Verlauf Ihrer Phase. Verwenden Sie das dafür vorgesehene Artikulationsschema.

Im Folgenden wird exemplarisch das Ergebnis der Gruppe dargestellt, die sich mit der Kopfrechenphase beschäftigt hat:

- Beispiel 1

Rechne bitte um:
Beispiel: 2500 g = kg
2500 g = 2,5 kg

a) 151 g = kg
b) 94,25 t = kg
c) 2529 mg = g
d) 6584 kg = t

☐ e) 6225 t = kg = g (Krönchenaufgabe)

- Beispiel 2

Wie viel wiegt ein Löwe?
☐ ca. 60 kg
☐ ca. 150 kg
☐ ca. 500 kg

Wie viel wiegt eine Ananas
☐ ca. 200g
☐ ca. 1 kg
☐ ca. 12 kg

Nun überlege selbst - schätze!
Wie viel wiegt ein erwachsener Mensch? _____
Wie viel wiegt ein Kind in der 5. Klasse? _____

- Beispiel 3

Zum Plätzchen backen brauchst du 9 kg Mehl. (1 Pck Mehl ≙ 1,5 kg).
Wie viel Packungen Mehl sind das?
→ 9÷1,5 = 6

Schwierigkeit:
Abkürzung Pck (Packung)
mathem. Zeichen ≙ (entspricht)
Deutung der Zusatzinfo in Klammern

2500 ÷______ = 25
→ 100

Luna geht an allen Schultagen außer dienstags in die Hausaufgabenbetreuung, aber nur noch drei Wochen, dann sind Weihnachtsferien. Wie oft muss sie (Luna) noch hingehen?
→ 4x3 = 12

Es folgt das Artikulationsschema zur Stundenvorführung „Wie viel wiegen alle Personen dieser Schule zusammen?“ in einer Deutschklasse an einer bayrischen Mittelschule.

Artikulation	Lehr-Lern-Geschehen	Sozialform	Medien
Begrüßung	Lehrkraft (L) begrüßt die Schüler:innen und die Gäste		
Kopfrechenphase	*L begrüßt ebenfalls kurz nochmal alle und richtet sich dann an die Schüler:innen* L: „Wir beginnen jetzt mit der Kopfrechenphase. Hole dafür bitte einen Bleistift heraus. [...] Ich teile dir noch ein Arbeitsblatt für die Kopfrechenphase aus. Darauf schreibst du bitte nur die Ergebnisse. Du musst nicht die ganze Aufgabe abschreiben. Das Ergebnis reicht! Hast du alles verstanden? Du kannst mich gerne noch was fragen.“ *L wartet einen kurzen Moment* L: „Okay. Wir fangen jetzt mit der ersten Aufgabe an.“ *Die Aufgaben werden nach und nach durchgeklickt.* *Pro Aufgabe bekommen die Schüler ca. 2 min Zeit.* L: „Jetzt bist du fertig. Jetzt wollen wir uns die Lösungen anschauen. Nimm bitte einen grünen Stift heraus und kontrolliere dich selbst. Wenn du eine Aufgabe richtig gemacht hast, darfst du einen Hacken machen.“ *Die Aufgaben werden nach und nach durchgegangen.* *Bei Schüler:innenfragen steht L zur Verfügung.* L: „Super. Wer hat denn alle Aufgaben richtig gehabt/gelöst? [...] Wer hat einen Fehler gemacht? 2? 3?...“ *Kurze Überleitung zum nächsten Punkt*	Einzelarbeit	elektr. Tafel Arbeitsblatt
Hinführung zur Zielangabe	L legt eine Folie mit Bildern auf und deckt nur das erste Bild auf L: „Was seht ihr auf dem Bild?“ → SuS äußern sich dazu L deckt nacheinander die weiteren Bilder auf → SuS sollen auf das Thema der Stunde kommen und erläutern ihre Ideen	Stiller Impuls (→ Abb. 14) Lehrer:innen-Schüler:innen-Gespräch (LSG)	Folie, OHP
Zielangabe	L schreibt das Thema der Stunde an die Tafel: „Wie viel wiegen alle Personen dieser Schule zusammen?“	LSG	Kreide, Tafel
Überleitung zur Problemlösung (Strategie)	L: „Heute wollen wir mal überlegen und herausfinden, wie viel alle Personen dieser Schule wiegen.“ L bespricht die Vorgehensweise; *(Was wird von den Kindern verlangt? Was soll berücksichtigt werden?)* → Visualisierung durch *Bildkarten* an der Tafel (nacheinander) → SuS äußern sich		Bildkarten

Problemlösung (Rechnung)	*Schätzen* L: „Vor dem Rechnen darf jeder das Ergebnis erst einmal schätzen. Was heißt denn schätzen?" → Mögliche SÄ: überlegen, ungefähr, circa, was man selbst glaubt, dass etwas … (in dem Fall: wiegt) → L: „Was schätzt du/glaubst du wiegen alle Personen dieser Schule zusammen?" → L notiert Schätzungen an der Tafel Tipp: Denke an die Pause, Schulfeste, etc.	Visueller Impuls	Tafel Bildkarten
	Strategie L: „In der Gruppe überlegt ihr, wie man auf das Ergebnis kommt. Wie rechnest du? Wie würdest du das machen? Was ist der Weg zu eurem Ziel und zum Ergebnis?"→ Strategie (wie du das machst, welcher Weg)→ L: „Wer hat schon Ideen?"	Unterrichtsgespräch	Waage
	Hilfsmittel Geeignete Hilfsmittel für die Planung und Berechnung der Aufgabe stehen bereit.		
	Zeit (zeitlicher Rahmen) L: „Für die Aufgabe habt ihr zwanzig Minuten Zeit."	L	
	→ „Später kommt jeder mit seiner Gruppe nach vorne und ihr stellt euer Ergebnis vor. Was habt ihr gemacht/gerechnet? Wie ist der Weg zu eurem Ergebnis?" → L deutet auf die Bildkarte *Strategie*.		AB AB, Waage, ggf. Internet
	L teilt Klasse in Gruppen ein → Differenzierung nach Sprachniveau *(Einteilung der Gruppen nach Farben an der Tafel)*		Tafel, Waage, ggf. Internet
	→ gelbe Gruppe (mit kaum bis wenig Sprachkenntnissen) bearbeitet ein extra Arbeitsblatt. → rote Gruppe: Leistungsstärkere erhalten ihr eigenes AB mit Hinweisen und zudem Karteikärtchen zur Hilfestellung → grüne Gruppe: Expert:innen bekommen die Frage auf einer Karte und eine Waage		
	Arbeitsphase		
Auswertung der Lösungsversuche (Präsentation)	rote Gruppe präsentiert ihre Vorgehensweise und das Ergebnis *Kurzes Feedback der anderen Gruppen und der Lehrkraft*	Schüler:innenvorstellung (SV)	
	grüne Gruppe präsentiert ihre Vorgehensweise und ihr Ergebnis mit Hilfe der Tafelanschrift Kurzes Feedback der L		
Rückbezug auf Schätzungen	L überprüft mit SuS die Schätzungen		

Lebenswelt-bezug	L: „Wann kann es nützlich sein zu wissen, wie viel viele Personen zusammen wiegen?" SuS überlegen mit Unterstützung der Lehrkraft. *Lebensweltbezug durch Bilder verdeutlicht*	UGS	Bilder
Verabschie-dung	L bedankt sich bei den Schüler:innen und verabschiedet die Gäste		

Abb. 14: Stiller (Bild-)Impuls in der Unterrichtsphase „Hinführung zur Zielangabe"

Sobald das Artikulationsschema und alle Arbeitsmaterialien fertig sind, wird das Augenmerk auf die sprachlichen Anforderungen der Stunde gelegt. Mithilfe des SIOP-Planungsbogens[15] wird die Stunde nach sprachlichen Zielen analysiert. Hier kann es passieren, dass die eine oder andere Phase noch einmal überarbeitet werden muss. Beispielsweise können Aufgabenstellungen auf Möglichkeiten von Paraphrasierungen (vgl. Peuschel, 2019) hin untersucht werden.
Außerdem kann eine Generalprobe an der Universität stattfinden. Die Studierenden schlüpfen in die Rolle der Lehrkraft und erproben mit ihren Kommiliton:innen die Unterrichtsstunde inklusive aller geplanten Arbeitsmaterialien. Schnell wird dann zum Beispiel klar, an welchen Stellen Übergänge angepasst und verändert werden müssen. Auch werden die Studierenden für die Sinnhaftigkeit von Fragestellungen zur Überprüfung des Aufgabenverständnisses zunehmend sensibel. Gemeinsam wird beispielsweise nach Alternativen für die Fragestellung „Hast du alles verstanden?" gesucht.

Durchführung der Unterrichtsvorführung

Abhängig davon, ob eine, zwei oder drei Unterrichtsvorführungen seitens des Universitätsseminars durchgeführt werden, muss ausreichend Zeit eingeplant werden und dies im Vorfeld mit der Lehrkraft der kooperierenden Klasse besprochen werden. Erfahrungsgemäß ist es von Vorteil, wenn für eine Stunde, die auf 45

15 Download des SIOP-Planungsbogens unter: https://view.officeapps.live.com/op/view.aspx?src=https%3A%2F%2Fimages.template.net%2Fwp-content%2Fuploads%2F2015%2F11%2F03151051%2FSiop-Unit-Lesson-Plan-Template-Free-Word-Download.doc&wdOrigin=BROWSELINK

Minuten geplant wurde, 90 Minuten zur Verfügung stehen. Oft beginnt die Stunde erst ein paar Minuten später, da es zu technischen Problemen kommt oder sich die Studierenden in einem für sie fast fremden Klassenzimmer noch orientieren müssen. In der Regel dauert die Stunde auch länger als geplant.

Nach der Durchführung findet die Besprechung der Unterrichtsstunde statt. Hierfür wird auf den Leitfaden von Lange (2007) sowie die Matrix zurückgegriffen (→ Tab. 4). An dieser Stelle bietet sich erneut die Kooperation mit einem Lehramtsanwärter:innen-seminar an. Dieses Mal sind nur die Rollen vertauscht. Die Studierenden unterrichten, die Lehramtsanwärter:innen beobachten und reflektieren die Unterrichtsstunde.

Empfohlene Fachliteratur zu Baustein 6

- Tajmel, Tanja & Hägi-Mead, Sara (2017): „Sprachbewusste Unterrichtsplanung. Prinzipien, Methoden und Beispiele für die Umsetzung". In: Dirim, Inci et al. (Hrsg.): FörMig Material, Bd 9. Münster: Waxmann.
  Diese Quelle zeigt ein schrittweises Vorgehen zur Planung von sprachbewusstem Unterricht. Anhand von Beispielen wird eine konkrete Vorgehensweise anschaulich dargestellt.
- Jeuk, Stefan (2010): Deutsch als Zweitsprache in der Schule. Grundlagen – Diagnose – Förderung. Stuttgart: Kohlhammer.
  Der Leiter des Sprachdidaktischen Zentrums der Pädagogischen Hochschule Ludwigsburg Stefan Jeuk stellt in seinem Werk theoretische Grundlagen, pädagogische und didaktische Modelle sowie Methoden zur Sprachförderung vor. Er formuliert zehn Prinzipien des DaZ-Unterrichts für sprachlich heterogene Lerngruppen im Hinblick auf den DaZ-Erwerb mehrsprachiger Schüler:innen.
- Gogolin, Ingrid; Lange, Imke; Hawighorst, B.; Bainski, C.; Heintze, A.; Rutten, S. & Saalmann, W (2020): „Durchgängige Sprachbildung. Qualitätsmerkmale für den Unterricht". In: Dirim, Inci; Gogolin, Ingrid; Michel, U.; Neumann, U.: Reich, H., Roth, H. & Schwippert, K. (Hrsg.): FörMig Material, Bd. 3., Münster u. a.: Waxmann.
  Die Autorinnen formulieren sechs Qualitätsmerkmale einer durchgängigen Sprachbildung. Diese sind als Ziele formuliert und werden aus der Perspektive der Lehrkräfte praxisnah konkretisiert. Daneben werden konkrete Beispiele und Praxishilfen gegeben.
- Schmölzer-Eibinger, Sabine; Dorner, Magdalena; Langer, Elisabeth & Helten-Pacher, Maria-Rita (2013): Sprachförderung im Fachunterricht in sprachlich heterogene Klassen. Stuttgart: Fillibach bei Klett.
  In ihrem Handbuch geben die Autorinnen einen Überblick über didaktische Konzepte und Modelle für einen sprachbewussten Fachunterricht. Auf dieser Basis werden Leitlinien für einen sprachaufmerksamen Fachunterricht formuliert. Daneben werden Analyseinstrumente und Werkzeuge für ein Sprachcoaching im Fachunterricht sowie ein Reflexionsbogen vorgestellt.

- Michalak, Magdalena; Lemke, Valerie & Goeke, Marius (2015): Sprache im Fachunterricht. Eine Einführung in Deutsch als Zweitsprache und sprachbewussten Unterricht. Tübingen: Narr Francke Attempto.
  Im Studienbuch werden Grundlagen didaktisch-methodischer Ansätze eines sprachbewussten Unterrichts thematisiert. Zehn Prinzipien eines sprachbewussten Unterrichts werden ausführlich und mit Praxisbeispielen dargestellt.

6 Abschlussresümee

Zum Abschluss werden hier die persönlichen Eindrücke zusammengetragen, die uns nach der dreimaligen Durchführung des Studienkurses wichtig sind.

Umfang des Kurses (verschiedene Bausteine)
Die Veranstaltung umfasst vier Semesterwochenstunden. Damit ist es möglich, den Kurs mit umfangreichen Praxisphasen (Übungen) zu gestalten. Dennoch haben wir in den drei Kursen, die wir durchgeführt haben, nie alle Bausteine in dem vorgestellten Umfang durchgeführt. Vielmehr war es so, dass wir zweimal einen stärkeren Fokus auf die Fördermaterialien (Baustein 5) gelegt haben und einmal auf den sprachsensiblen Unterricht (Baustein 6). Die jeweilige Schwerpunktsetzung kann also von den Dozenten:innen angepasst werden. Das Material der einzelnen Sitzungen reicht in den meisten Fällen für mehr als die angegebene Sitzungsanzahl.

Die **Verknüpfung von Lern- und späterem Handlungsfeld** hat sich im Verlauf der Veranstaltungen als sehr positiv herausgestellt. Aus den Rückmeldungen der Studierenden lässt sich erschließen, dass sie den Kurs zum Teil als anstrengend, aber auch bereichernd mit Blick auf ihre zukünftigen Tätigkeiten empfunden haben.
Zu Beginn des Kurses berichteten viele Studierende von keinem bis sehr wenig Kontakt zu Kindern und Jugendlichen, die mit der deutschen Sprache noch nicht so vertraut sind. Umso wichtiger ist es, nicht nur im Seminar über theoretische Herangehensweisen zu sprechen, sondern den direkten Kontakt zu Schüler:innen mit nicht-deutscher Herkunft herzustellen und die praktische Durchführung beispielsweise von Sprachstandsdiagnoseverfahren zu erproben. Zu diesen Überlegungen passt folgende Rückmeldung einer Studentin, die an der Veranstaltung teilgenommen hatte: „Was sehr schön war, waren die Besuche in der Mittelschule in Landsberg. Das Studium ist im Allgemeinen viel zu theoretisch aufgebaut. In diesem Seminar Einblicke in die Praxis zu bekommen, war eine Bereicherung für mich und mein ganzes Studium."
Bei der Arbeit mit einer Schulklasse im Kurs ist der gute Kontakt zur Klassenlehrkraft eine wichtige Voraussetzung. Die Lehrkraft sollte die Zusammenarbeit mit dem Universitätsseminar aktiv unterstützen. Sie ist diejenige Person, der die Schüler:innen vertrauen. Zudem kennt sie ihre Schüler:innen am besten und kann somit auch gut

eine Brücke zwischen Studierenden und Schüler:innen bauen. So entsteht ein Vertrauen zu den Studierenden. Erfahrungsgemäß freuen sich die Schüler:innen über den „Besuch" und die zusätzliche sprachliche Unterstützung, die sie in der Einzelbetreuung durch Studierende erfahren.
Für eine gelingende Kooperation ist zudem eine frühzeitige Kontaktaufnahme zur Schule und Klassenleitung wichtig. Auf diese Weise können beispielsweise Termine abgestimmt und der zusätzliche Raumbedarf geklärt werden.

Das **forschende Lernen** wurde aus Zeitgründen im Kurs nicht mit den Studierenden auf einer Metaebene reflektiert. So wurde zwar der „Forschungsprozess" durchlaufen, dieser jedoch nicht explizit mit den Studierenden besprochen und reflektiert. Je nachdem, wo die Schwerpunkte der Veranstaltung liegen, könnte dieser Aspekt weiter ausgebaut werden.

Die **Tandemlehre** zwischen zwei Universitätsdozent:innen aus verschiedenen Bereichen haben wir, aber auch die Studierenden, als sehr bereichernd erlebt. So lautet eine Rückmeldung der Studierenden: „Durch zwei Dozenten lernt man viel mehr, weil man nicht nur eine Sichtweise vermittelt bekommt." In diesem Manual sind folgende zwei Blickwinkel eingeflossen: zum einen ein allgemein pädagogischer Ansatz, zum anderen der Vertiefungsschwerpunkt Deutsch als Zweitsprache. Falls es nicht möglich sein sollte, diesen Kurs in Tandemlehre anzubieten, können mit Hilfe des Manuals verschiedene Perspektiven abgedeckt werden.

Die **Tandemlehre mit einer Seminarleiterin/einem Seminarleiter** ist ebenfalls als sehr positiv zu bewerten. So passiert hier fast automatisch ein Austausch über Inhalte, Sichtweisen und Erwartungshaltungen. Wichtig für eine gelungene Kooperation ist jedoch eine gute persönliche und fachliche Passung. Sowohl Dozent:innen als auch Seminarleiter:innen sollten ähnliche Ziele mit der Kooperation verfolgen. Es sollte Übereinstimmung über die Inhalte der gemeinsamen Seminartage bestehen. Auch ist das Zusammentreffen so zu gestalten, dass Studierende und Lehramtsanwärter:innen gleichermaßen davon profitieren. Organisatorisch sind Termine und Gespräche zu Inhalten etc. auch hier sehr frühzeitig durchzuführen, damit sowohl von Seiten der Universität als auch von Seiten der Lehramtsanwärter:innenseminare die Treffen entsprechend eingebaut werden können (→ Abb. 9).
In einer Reflexion zur Einheit des Universitäts- und Lehramtsanwärter:innenseminars in der Schule wird die Zusammenarbeit als *„Win-Win-Win-Win"* von einem Lehramtsanwärter dargestellt. Dies lässt sich wie folgt erklären:
Zum einen profitieren die Studierenden von den praktischen Erfahrungen der Seminarist:innen, zum anderen lernen die Lehramtsanwärter:innen vom fundierten theoretischen Wissen sowie den ersten Erfahrungen der Studierenden im Umgang

mit Deutsch als Zweitsprache-Schüler:innen im Unterricht. Abbildung 15 fasst diese Aspekte noch einmal zusammen und veranschaulicht das ausgewogene Verhältnis. Die weiteren *Win-Wins* erfolgen dadurch, dass die Schüler:innen in den Genuss kommen, für sie persönlich zugeschnittenes Fördermaterial zu erhalten. Die Lehrkraft wiederum erhält passgenaues Fördermaterial und neue Anregungen für den eigenen Unterricht. Während der Übungstage, welche die Studierenden in einer Klasse verbringen, werden die Schüler:innen entweder einzeln oder in kleinen Gruppen betreut.

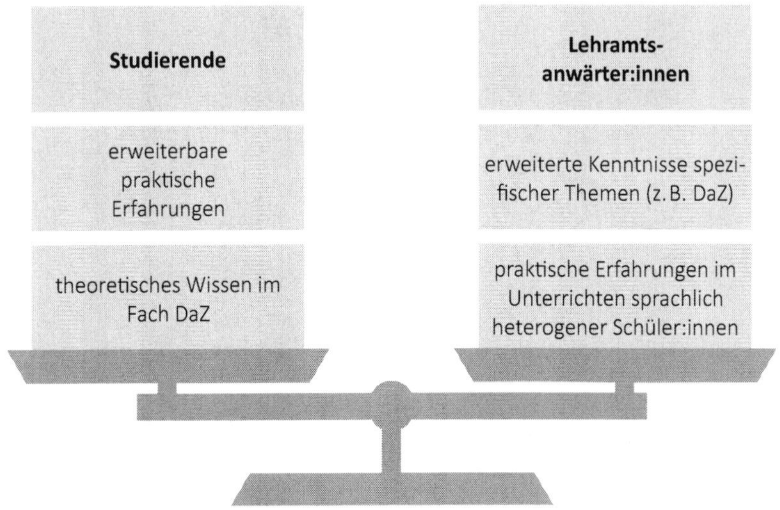

Abb. 15: Perspektiven und Lerngelegenheiten für Studierende und Lehramtsanwärter:innen

Selbstverständlich profitieren auch die Studierenden von den Lehrenden. Mittels Nachfragen holen sich die Studierenden weitere Informationen über den oder die Schüler:in ein.

Wir konnten mit dieser Zusammenarbeit sehr gute Erfahrungen sammeln, auch wenn nicht zu verschweigen ist, dass der organisatorische Aufwand höher ist als bei einem „normalen“ Universitätsseminar.

7 Literaturverzeichnis (Basisliteratur und weiterführende Literatur)

Abshagen, Maike (2015): Praxishandbuch Sprachbildung Mathematik. Sprachsensibel unterrichten – Sprache fördern. Stuttgart: Klett.

Altrichter, Herbert (2003): Forschende Lehrerbildung. Begründungen und Konsequenzen des Aktionsforschungsansatzes für die Erstausbildung von LehrerInnen. In: Obolenski, Alexandra & Meyer, Hilbert (Hrsg.): Forschendes Lernen. Theorie und Praxis einer professionellen LehrerInnenausbildung. Bad Heilbrunn: Verlag Julius Klinkhardt, 117-128.

Apeltauer, Ernst (1987): Gesteuerter Zweitspracherwerb. Voraussetzungen und Konsequenzen für den Unterricht. München: Hueber.

Arnsdorf, Dieter; Endt, Ernst; Massoudi, Gerlinde; Paul, Rainer & Veress, Bernadett (2010): Fokus Grundschule. Lehreralltag – Unterricht – Pädagogische Konzepte und Projekte. Ein Kurs zur Aus- und Fortbildung von Primarschullehrerinnen und-lehrern für Deutsch als Fremdsprache. Köln: Gilde.

Baur, Rupprecht & Spettmann, Melanie (2009): Der C-Test als Instrument der Sprachdiagnose und Sprachförderung. In: Roth, Heinrich; Reich, Hans & Lengyel, Drorit (Hrsg.): Von der Sprachdiagnose zur Sprachförderung FörMig Material, Bd. 5. Münster: Waxmann, 115-127.

Bayerisches Staatsministerium für Unterricht und Kultus (2014): *LehrplanPLUS* für die bayerische Grundschule.

Bayerisches Staatsministerium für Unterricht und Kultus (2017): *LehrplanPLUS* für die bayerische Mittelschule.

Beck, Luna; von Dewitz, Nora & Titz, Cora (2015): Sprachliche Entwicklungsstände, Lernpotenziale und Lernfortschritte erkennen. In: www.biss-sprachförderung.de: http://www.biss-sprachbildung.de/pdf/Fachbeitrag_Diagnostik.pdf [Abruf: 12.03.2018].

Benholz, Claudia & Siems, Maren (2016): Sprachbildender Unterricht in allen Fächern: Konzepte zur Professionalisierung von Lehrerinnen und Lehrern in den drei Phasen der Lehrerbildung. In: DDS – Die deutsche Schule, Heft 13. Münster: Waxmann, 35-51.

Berkel-Otto, Lisa, Peuschel, Kristina & Steinmetz, Sandra (Eds.). (2021). Theorie-Praxis-Verzahnung in der Lehrkräftebildung: Ergebnisse aus dem Netzwerk „Stark durch Diversität". Münster: Waxmann.

Bildungsserver Berlin-Brandenburg (2018): Aufgabenformate. In: http://bildungsserver.berlin-brandenburg.de/index.php?id=lesen_aufgabenformate [Abruf 01.03.2018].

BISS-Projekt: Bildung in Sprache und Schrift; Eva Sek. In: http://www.evasek.de/www/fragebogen-zu-sprachbiographieund-

BISS – Bildung durch Sprache und Schrift: Empfohlene Tools zur Individualdiagnose Sprach-/Leseentwicklung. In: http://www.biss-sprachbildung.de/biss. html?seite=145 [Abruf 03.04.2019].

schullaufbahn/ [Abruf 31.05.2019] Blomberg, Geraldine (2011): Der Einsatz von Unterrichtsvideos in der universitären Lehrerbildung. In: Friedl Schöller-Stiftungslehrstuhl für Unterrichts- und Hochschulforschung München. https://mediatum.ub.tum.de/1078234 [Abruf 13.09.2018].

Brandt, Hanne & Gogolin, Ingrid (2016): Sprachförderlicher Fachunterricht. Erfahrungen und Beispiele. FörMig Material, Bd. 8. Münster: Waxmann.

Brügelmann, Hans (2001): Heterogenität, Integration, Differenzierung: Empirische Befunde – pädagogische Perspektiven. Einführungsvortrag zur Jahrestagung der Kommission Grundschulforschung und Pädagogik der Primarstufe in der DGfE. Universität Halle-Wittenberg.

Buchert, Claudia & Mehlin, Susanne (2014): Fortbildung zur Durchgängigen Sprachbildung. Arbeitsaufträge selbstständig entschlüsseln und bearbeiten. In: URL: http://www.foermig-berlin.de/materialien/Arbeitsauftraege.pdf [Abruf 15.02.2018].

Büchter, Andreas; Herget, Wilfried; Leuders, Timo & Müller, Jan (2007): Fermi-Box. Stuttgart: VPM Verlag.

Budde, Monika & Schulte-Bunert, Ellen (2009): Curriculare Grundlagen. Deutsch als Zweitsprache. In: Ministerium für Bildung, Jugend und Sport des Landes Brandenburg. https://bildungsserver.berlin-brandenburg.de/fileadmin/bbb/themen/sprachbildung/Durchgaengige_Sprachbildung/Publikationen_sprachbildung/DaZ-Curriculare_Grundlagen.pdf [Abruf 13.09.2018].

Crämer, Claudia (2014). Verstehen? Fehlanzeige. In: Grundschule Heft 5, 10-11.

Cummins, Jim (1979): Linguistic Interdependence and the Educational Development of Bilingual Children. In: Bilingual Education Paper Series, Vol. 3, No. 2.

Cummins, Jim (1981): The role of primary language development in promoting educational success for language minority students. In: California State Department of Education (Hrsg.): Schooling and language minority students: A theoretical framework. Los Angeles: Evaluation, Dissemination and Assessment Center, California State University, 3-49.

Cummins, Jim (1982): Die Schwellenniveau- und die Interdependenz-Hypothese: Erklärungen zum Erfolg zweisprachiger Erziehung. In: Swift, James (Hrsg.): Bilinguale und multikulturelle Erziehung. Würzburg: Königshausen & Neumann, 34-43.

Decker-Ernst, Yvonne (2017): Deutsch als Zweitsprache in Vorbereitungsklassen. Baltmannsweiler: Schneider.

Dirim, Inci & Müller, Astrid (2007): Sprachliche Heterogenität. Deutsch lernen in mehrsprachigen Kontexten. In: Praxis Deutsch. Zeitschrift für den Deutschunterricht: Sprachliche Heterogenität. 34. Jahrgang, 1182. Velber: Friedrich, 6-14.

Döll, Marion (2012): Beobachtung der Aneignung des Deutschen bei mehrsprachigen Kindern und Jugendlichen. Modellierung und empirische Prüfung eines sprachstandsdiagnostischen Beobachtungsverfahrens. Münster: Waxmann.

Dörsam, Doris & Portner, Hannelore (2013): Mit der Sprache muss man rechnen – mit den Wörtern auch. In: Senatsverwaltung für Bildung, Jugend und Wissenschaft (Hrsg.) im Rahmen von FörMig. http://www.foermig-berlin.de/materialien/Web_Mit_der_Sprache.pdf [Abruf 13.09.2018].

Echevarria, Jana; Vogt, MaryEllen & Short, Deborah (2008): Making Content Comprehensible for English Learners. The SIOP-Model. Pearson Education.

Ehlich, Konrad (2009): Sprachaneignung – Was man weiß, und was man wissen müsste. In: Lengyel, Drorit et al. (Hrsg.): Von der Sprachdiagnose zur Sprachförderung. FörMig Material, Bd 5. Münster: Waxmann, 15-24.

Ende, Karin; Grotjahn, Rüdiger; Kleppin, Karin & Mohr, Imke (2013): Curriculare Vorgaben und Unterrichtsplanung. Goethe-Institut. München: Klett-Langenscheidt.

Europarat (2020): Gemeinsamer europäischer Referenzrahmen für Sprachen: lernen, lehren, beurteilen. Begleitband, Anhang 1: Zentrale Merkmale der GeR-Niveaus. Stuttgart: Ernst Klett Sprachen GmbH.

Feilke, Helmuth (2012): Bildungssprachliche Kompetenzen – fördern und entwickeln. In: Praxis Deutsch 2331, 4-13.

Fey, Carl-Christian & Matthes, Eva (2017): Das Augsburger Analyse- und Evaluationsraster für analoge und digitale Bildungsmedien (AAER). Grundlegung und Anwendungsbeispiele in interdisziplinärer Perspektive. Bad Heilbrunn: Klinkhardt.

Finke, Alois (2013): Erste allgemeine Verunsicherung – Gedanken zur Begleitung von Studierenden beim Start in ihre Berufsidentität als Lehrer/innen im Rahmen des Orientierungspraktikums. In: Rohr, Dirk et al. (Hrsg.): Reflexionsmethoden in der Praktikumsbegleitung am Beispiel der Lehramtsausbildung an der Universität zu Köln. LehrerInnenbildung gestalten. Münster: Waxmann, 49-56.

Gallin, Peter & Ruf, Urs (2005): Dialogisches Lernen in Sprache und Mathematik. Seelze: Velber.

Gibbons, Pauline (2009): English Learners, Academic Literacy, and Thinking. Portsmouth: NH: Heinemann.

Gibbons, Pauline (2002): Scaffolding Language, Scaffolding Learning. Teaching Second Language Learners in the Maintstreem Classroom. Portsmouth: NH: Heinemann.

Glaser, Herbert (o.J.): Lernplanung. In: www. didaktik.mathematik.uni-wuerzburg.de: http://www.didaktik.mathematik.uni-wuerzburg.de/fileadmin/10040500/dokumente/Texte_zu_Grundfragen/glaser_lernplanung.pdf [Abruf 14.03.2018].

Gogolin, Ingrid; Lengyel, Drorit; Bainski, Christiane; Lange, Imke; Michel, Ute & Rutten, Sabine (2020): Durchgängige Sprachbildung. Qualitätsmerkmale für den Unterricht. 2. überarbeitete und erweiterte Auflage, revidierte Ausgabe. FörMig Material, Bd. 10; Münster: Waxmann.

Gogolin, Ingrid & Lange, Imke (2011): Bildungssprache und Durchgängige Sprachbildung. In: Fürstenau, Sara & Gomolla, Mechthild (Hrsg.): Migration und schulischer Wandel. Mehrsprachigkeit. Wiesbaden: Springer, 107-127.

Gogolin, Ingrid (1999): Mehrsprachigkeit. In: Grundschule 31, 5/99, 40-43.

Gogolin, Ingrid (1994): Der monolinguale Habitus der multilingualen Schule. Münster: Waxmann.

Guckelsberger, Susanne & Reich, Hans (2008): Diskursive Basisqualifikation. In: Ehlich, Konrad et al. (Hrsg.): Referenzrahmen zur altersspezifischen Sprachaneignung. Band 1. Berlin: BMBF, 83-93.

Haß, Frank. (2010): Fachdidaktik Englisch. Stuttgart: Klett.

Helmke, Andreas (2003): Unterrichtsqualität erfassen, bewerten, verbessern. Seelze: Kallmeyer.

Hoffmann, Lothar (1976): Kommunikationsmittel Fachsprache – Eine Einführung. Berlin: Akademie.

Hohbauer, Martina & Stahl, Christine (2019): Phasenübergreifende Lehrkräftebildung gestalten. In Stifterverband – Bildung. Wissenschaft. Innovation. (Hrsg.): Professioneller Umgang mit Migration und Mehrsprachigkeit – Lehrkräftebildung für die Schule der Vielfalt – Eine Handreichung des Netzwerks Stark durch Diversität (S. 96-101). https://www.stifterverband.org/medien/lehrkraeftebildung-fuer-die-schule-der-vielfalt [Abruf: 05.10.2021].

Höhmann, Katrin (2009): Heterogenität: Eine begriffliche Klärung. In: Höhmann, Katrin et al. (Hrsg.): Lernen über Grenzen. Auf dem Weg zu einer Lernkultur, die vom Individuum ausgeht. Opladen: Budrich, 27-36.

Ingenkamp, Karlheinz & Lissmann, Urban (2008). Lehrbuch der pädagogischen Diagnostik. Weinheim: Beltz.

Jeuk, Stefan (2010): Deutsch als Zweitsprache in der Schule. Grundlagen – Diagnose – Förderung. Stuttgart: Kohlhammer.

Jeuk, Stefan & Junk-Deppenmeier, Alexandra (2010): Konzeption eines Sprachstandsfeststellungverfahren für die Sekundarstufe I. In: Ahrenholz, Bernt & Knapp, Werner: Sprachstand erheben – Spracherwerb erforschen. Stuttgart: Fillibach bei Klett, 209-224.

Junk-Deppenmeier, Alexandra & Jeuk, Stefan (2015): Praxismaterial Förderdiagnostik. Werkzeuge für den Sprachunterricht in der Sekundarstufe I. Stuttgart: Fillibach bei Klett.

Klages, Hana & Kaltenbacher, Erika (2010b): Deutsch für den Schulstart. Sprachdiagnostik und ergänzende Materialien für Vorschüler und Schulanfänger mit Deutsch als Erst- oder Zweitsprache. Heidelberg: Ruprecht-Karls-Universität.

Klieme, Eckhard; Eichler, Wolfgang; Helmke, Andreas; Lehmann, Rainer H.; Nold, Günter; Rolff, Hans-Günter; Schröder, Konrad; Thomé, Günther & Willenberg, Heiner (2006): Unterricht und Kompetenzerwerb in Deutsch und Englisch. Zentrale Befunde der Studie. Deutsch Englisch Schülerleistungen International (DESI). Frankfurt am Main: Deutsches Institut für Internationale Pädagogische Forschung.

Kniffka, Gabriele (2012): Scaffolding – Möglichkeiten, im Fachunterricht sprachliche Kompetenzen zu vermitteln. In: Michalak, Magdalena & Kuchenreuther, Michaela (Hrsg.): Grundlagen der Sprachdidaktik Deutsch als Zweitsprache. Baltmannsweiler: Schneider Hohengehren, 208-225.

Kniffka, Gabriele & Siebert-Ott, Gesa (2007): Deutsch als Zweitsprache. Lehren und Lernen. Paderborn: Schöningh.

Kniffka, Gabriele; Linnemann, Markus & Thesen, Sara (2007): C-Test für den Förderunterricht. Kooperationsprojekt Sprachförderung. Universität zu Köln. Mercator Stiftung.

Korthagen, Fred & Kessels, Jos (1999): Linking theory and practice: Changing the pedagogy of teacher education. Educational Researcher, 28(4), 4-17.

Krammer, Kathrin & Reusser, Kurt (2005): Unterrichtsvideos als Medium der Aus- und Weiterbildung von Lehrpersonen. In: Beiträge zur Lehrerinnen- und Lehrerbildung 23, 1, 35-50 – URN: urn:nbn:de:0111-pedocs-135612.

Kuchenreuther, Michaela (2012): Unterrichtsmaterialien und Lehrbuchtexte als besondere Herausforderung. In: Michalak, Magdalena & Kuchenreuther, Michaela (Hrsg.): Grundlagen der Sprachdidaktik Deutsch als Zweitsprache. Baltmannsweiler: Schneider, 183-207.

Kultusministerkonferenz (2004): Bildungsstandards im Fach Deutsch.

Lange, Joachim (2007): Unterrichtsbesprechung mit Leitfragen. In: Ansorge, Olaf (Hrsg.): (Beratungs-) Gespräche in der Lehrerbildung. Hannover, GEW-Niedersachsen, 22-28.

Leisen, Josef (2018): Sprachbildung und Bildungssprache. Sprachbildung ist ein zentrales Thema aller Schulfächer. In: http://www.sprachsensiblerfachunterricht.de/sprachbildung [Abruf:15.02.2018].

Leisen, Josef (2013): Handbuch Sprachförderung im Fach – Sprachsensibler Fachunterricht in der Praxis. Stuttgart: Klett.

Leisen, Josef (2010): Handbuch Sprachförderung im Fach – Sprachsensibler Fachunterricht in der Praxis. Bonn: Varus.

Lengyel, Drorit (2012): Sprachstandsfeststellung bei mehrsprachigen Kindern im Elementarbereich. München: Deutsches Jugendinstitut e. V.

Lengyel, Drorit (2007): Durchgängige Sprachförderung – ein Konzept zur Sprachbildung im Unterricht. In: forum, o. O. o. V. 1, 5-8.

Linnemann, Markus (2017): Sprachdiagnostik im Unterricht: Grundlagen, Zugänge und Beispiele. In: Günther, Hartmut et al. (Hrsg.): DaZ unterrichten. Seelze: Kallmeyer in Verbindung mit Klett, 149-168.

Martens, Lieselotte (2014): Fortbildung zur Durchgängigen Sprachbildung: Stolpersteine der deutschen Sprache. In: http://www.foermig-berlin.de/materialien/Stolpersteine.pdf [Abruf: 15.02.2018].

Marvin, Christine A. (1990): Problems in School-based Speech-Language Consultation and Colaboration Services: Defining the Terms and Improving the Process. In: Secord, Wayne A.; Wiig, Elisabeth. H. (Hrsg.): Collaborative Programs in the Schools. Concepts, Models, and Procedures. Jovanovich: Hartcourt Brace, 37-47.

Michalak, Magdalena; Lemke, Valerie & Goeke, Marius (2015): Sprache im Fachunterricht. Eine Einführung in Deutsch als Zweitsprache und sprachbewussten Unterricht. Tübingen: Narr Francke Attempto.

Michalak, Magdalena (2012): Von der Sprachstandsdiagnose zur sprachlichen Förderung. In: Michalak, Magdalena & Kuchenreuther, Michaela (Hrsg.): Grundlagen der Sprachdidaktik Deutsch als Zweitsprache. Baltmannsweiler: Schneider, 57-84.

Müller, Claudia (2012): Kindliche Erzählfähigkeit und (schrift-)sprachsozialisatorische Einflüsse in der Familie. Eine longitudinale Einzelfallstudie mit ein- und mehrsprachigen (Vor-)Schulkindern. Baltmannsweiler: Schneider Hohengehren.

Nodari, Claudio (2008): Lehrwerkgestaltung angesichts wachsender Heterogenität. In: i-mail. Das Magazin der ILZ 2/2008, Rapperswil, 4-7.

Óhidy, Andrea & Brömel, Stefan (2017): Pädagogischer Umgang mit Heterogenität. Differenzierung und Individualisierung in Schule und Unterricht. In: Günther, Hartmuth et al. (Hrsg.): Basiswissen Lehrerbildung: DaZ unterrichten. Seelze: Kallmeyer in Verbindung mit Klett, 169-191.

Quel, Thomas & Trapp, Ulrike (2015): Wege zur Bildungssprache im Sachunterricht. Sprachbildung in der Grundschule auf der Basis von Planungsrahmen. Münster: Waxmann.

Peuschel, Kristina & Stahl, Christine (2021). Rekodieren durch Lehrkräfte in der DaZ-Unterrichtsinteraktion. Zeitschrift für Interaktionsforschung in DaFZ (ZIAF), 1(1), 115-132. https://doi.org/10.17192/ziaf.2021.1.8420

Peuschel, Kristina (2019). Paraphrasieren als Lehrkompetenz: ein Zugang zu mündlichen, bildungssprachlichen Kompetenzen von Lehramtsstudierenden. In Charlott Falkenhagen, Hermann Funk, Marcus Reinfried & Laurenz Volkmann (Eds.), Sprachen lernen integriert- global, regional, lokal: Dokumentation zum 27. Kongress für Fremdsprachendidaktik der Deutschen Gesellschaft für Fremdsprachenforschung /DGFF) Jena, 27.- 30. September 2017 (pp. 77-90). Baltmannsweiler: Schneider Verlag Hohengehren.

Peuschel, Kristina & Burkard, Anne (2019). Sprachliche Bildung und Deutsch als Zweitsprache in den geistes- und gesellschaftswissenschaftlichen Fächern. Tübingen: Narr Francke Attempto.

Reeb-Ramos, Irene & Jeuk, Stefan (2015): Werkzeug 5: Mündliches Erzählen. In: Junk-Deppenmeier, Alexandra & Jeuk, Stefan: Praxismaterial Förderdiagnostik. Werkzeuge für den Sprachunterricht in der Sekundarstufe I. Stuttgart: Fillibach bei Klett.

Riesel, Elise (1970): Der Stil der deutschen Alltagssprache. Leipzig: Reclam.

Rösch, Heidi (2011): Deutsch als Zweit- und Fremdsprache. Berlin: Akademie.

Scharenberg, Katja (2012): Leistungsheterogenität und Kompetenzentwicklung. Zur Relevanz klassenbezogener Kompositionsmerkmale im Rahmen der KESS-Studie. Münster: Waxmann.

Schmölzer-Eibinger, Sabine; Dorner, Magdalena; Langer, Elisabeth & Helten-Pacher, Maria-Rita (2013): Sprachförderung im Fachunterricht in sprachlich heterogenen Klassen. Stuttgart: Fillibach bei Klett.

Schneider, Ralf & Wildt, Johannes (2009): Forschendes Lernen und Kompetenzentwicklung. In: Huber, Ludwig; Hellmer Julia & Schneider, Friederike (Hrsg.): Forschendes Lernen im Studium. Bielefeld: Universitätsverlag Webler, 53-68.

Scholz, Lothar (2010): Methoden-Kiste. Bundeszentrale für politische Bildung.

Seidel, Tina; Meyer, Lena & Dalehefte, Inger Marie (2005): Das ist mir in der Stunde gar nicht aufgefallen ... – Szenarien zur Analyse von Unterrichtsaufzeichnungen. In: Welzel, Manuela & Stadler, Helga (Hrsg.): „Nimm doch mal die Kamera!" Zur Nutzung von Videos in der Lehrerbildung – Beispiele und Empfehlungen aus den Naturwissenschaften. Münster u. a.: Waxmann, 133-154.

Staatsinstitut für Schulqualität und Bildungsforschung München: Amtliche Schuldaten des Bayerischen Landesamtes für Statistik. www.isb.bayern.de: https://www.isb.bayern.de/schulartuebergreifendes/schule-und-gesellschaft/migration-interkulturelle-kompetenz/fluechtlinge/sonstigeinformationen/zahlenfakten/ [Abruf 13.02.2018].

Stahl, Christine & Peuschel, Kristina (i. V.): DaZ-Kompetenzen und virtuelle Hospitationen: Zum Einsatz von Videovignetten aus dem DaZ-Unterricht für den Umgang mit sprachlicher Heterogenität. In: Hartinger, Andreas; Dresel, Markus; Matthes, Eva; Nett, Ulrike; Peuschel, Kristina (Hrsg.), Lehrkräfteprofessionalität im Umgang mit Heterogenität. Theoretische Konzepte, Förderansätze, empirische Befunde. Münster u. a.: Waxmann.

Stahl, Christine; da Silva, Ana; Draghina, Mario; Fahrner, Ulrich & Schilling, Charis (2018): Selbstgesteuertes Lernen mit videobasierten Lernmodulen in der universitären Lehrer/innenbildung. In M. Sonnleitner, S. Prock, A. Rank & P. Kirchhoff (Hrsg.): Video- und Audiografie von Unterricht in der Lehrer/innenbildung (S. 223-238). Opladen: Barbara Budrich.

Stahl, Christine; Schaupp, Ulrike & da Silva, Ana (2017): Videos in der (DaZ-)Lehre und Forschung. In Bundesministerium für Bildung und Forschung (BMBF) (Hrsg.): Erste Fachpublikation im Programm „Qualitätsoffensive Lehrerbildung" zum Thema Inklusion und Heterogenität (S. 95-105). Bielefeld: wbv.

Stanat, Petra; Rauch, Dominique & Segeritz, Michael (2010): Schülerinnen und Schüler mit Migrationshintergrund. In: Klieme, Eckhard et al. (Hrsg.): PISA 2009. Bilanz nach einem Jahrzehnt. Münster: Waxmann, 200-230.

Standop, Jutta (2016): Lässt sich das Konstrukt Heterogenität für die schulische Unterrichtsentwicklung zweckmäßig modellieren? Schulpädagogik heute. Heft 13, 7. Jahrgang. Was sind gute Schulen? Köln: Prolog.

Tajmel, Tanja & Hägi-Mead, Sara (2017): Sprachbewusste Unterrichtsplanung. Prinzipien, Methoden und Beispiele für die Umsetzung. In: Dirim, Inci et al. (Hrsg.): FörMig Material, Bd 9. Münster: Waxmann.

Trim, John; North, Brian & Coste, Daniel (2001): Gemeinsamer europäischer Referenzrahmen für Sprachen: lernen, lehren, beurteilen. Stuttgart: Klett.

Wenk, Matthias & Jeuk, Stefan (2015): Werkzeug 3: Hörverstehen. In: Junk-Deppenmeier, Alexandra & Jeuk, Stefan (Hrsg.): Praxismaterial Förderdiagnostik. Werkzeuge für den Sprachunterricht in der Sekundarstufe I. Stuttgart: Fillibach bei Klett.

Wenning, Norbert (2007): Heterogenität als Dilemma für Bildungseinrichtungen. In: Boller, Sebastian; Rosowski, Elke & Stroot, Thea (Hrsg.): Heterogenität in Schule und Unterricht. Handlungsansätze zum pädagogischen Umgang mit Vielfalt. Weinheim, Basel: Beltz, 21-31.

Wildemann, Anja & Fornol, Sarah (2016): Sprachsensibel unterrichten in der Grundschule. Anregungen für den Deutsch-, Mathematik- und Sachunterricht. Seelze: Kallmeyer in Verbindung mit Klett.

8 Autor:innenprofile

Christine Stahl

Wissenschaftliche Mitarbeiterin am Lehrstuhl für Deutsch als Zweit- und Fremdsprache und seine Didaktik sowie externe Koordinatorin des LeHet-Projekts (Lehrerprofessionalität im Umgang mit Heterogenität, gefördert vom BMBF) an der Universität Augsburg, Hochschuldozentin in der Lehrerbildung

Schwerpunkte: Unterrichtsvideos in der DaZ-Lehrkräftebildung, Didaktik des Deutschen als Zweitsprache, Sprachsensibler Unterricht

Kontakt: christine.stahl@uni-a.de

Dr. Astrid Krummenauer-Grasser

Wissenschaftliche Mitarbeiterin am Lehrstuhl für Grundschulpädagogik und Grundschuldidaktik; interne Koordinatorin des LeHet-Projekts (Lehrerprofessionalität im Umgang mit Heterogenität, gefördert vom BMBF) an der Universität Augsburg; Hochschuldozentin in den Disziplinen Betriebswirtschaftslehre, Bildungsmanagement sowie in der Lehrerbildung. Seit Ende 2021 arbeitet sie an der Hochschule Neu-Ulm. Dort leitet sie das Teilprojekt „Zukunftsorientierte Kompetenzprofile" im Rahmen des Gesamtprojekts InnoPROF (gefördert vom BMBF im Rahmen des Projekts FH-Personal).

Schwerpunkte: Bildungs- und Wissenschaftsmanagement, Hochschuldidaktik, Vernetzung der verschiedenen Lehrerbildungsphasen, Adaptives Unterrichten, Kompetenzentwicklung, Kompetenzorientierung in der (Hochschul-)Lehre

Kontakt: astrid.krummenauer-grasser@uni-a.de